三国的豪门

南门太守 著

喂喂歪 魏峥 绘

中国文学艺术基金会
中国文学艺术发展专项基金　资助项目

中国文联出版社

图书在版编目（CIP）数据

三国的豪门/南门太守著；喂喂歪，魏峥绘. —北京：中国文联出版社，2022.12
ISBN 978-7-5190-5073-3

Ⅰ.①三… Ⅱ.①南…②喂…③魏… Ⅲ.①中国历史－三国时代－通俗读物 Ⅳ.①K236.09

中国版本图书馆 CIP 数据核字 (2022) 第 233364 号

三国的豪门

著　　者：南门太守
绘　　者：喂喂歪　魏　峥
责任编辑：张超琪　许可爽
责任校对：仲济云　肖　纯
装帧设计：汤　妮
排版设计：高　洁

出版发行：中国文联出版社有限公司
社　　址：北京市朝阳区农展馆南里 10 号　　邮编：100125
网　　址：http://www.clapnet.cn
电　　话：010-85923091（总编室）　　010-85923058（编辑部）
　　　　　010-85923025（发行部）
经　　销：全国新华书店等
印　　刷：中煤（北京）印务有限公司
开　　本：880 毫米 ×1230 毫米　　1/32
印　　张：10.125
字　　数：150 千字
版　　次：2022 年 12 月第 1 版
　　　　　2022 年 12 月第 1 次印刷
书　　号：ISBN 978-7-5190-5073-3
定　　价：68.00 元

版权所有　侵权必究
如有印装质量问题，请与本社发行部联系调换

目录

曹氏家族史   1
一、家族简介   2
二、人物关系图   3
三、发迹和衰亡史   5
四、曹家的其他子孙   20
五、曹家的女人们   23
六、曹家的亲戚   34

袁氏家族史   39
一、家族简介   40
二、人物关系图   41
三、发迹和衰亡史   42
四、袁家的女人们   91
五、袁家的亲戚   97

孙氏家族史   105
一、家族简介   106
二、人物关系图   107
三、发迹和衰亡史   108
四、孙家的女人们   137

刘氏家族史   145
  一、家族简介   146
  二、人物关系图   147
  三、发迹和衰亡史   148
  四、刘家的其他人物   176
  五、刘家的女人们   180
  六 刘家的亲戚们   190

诸葛氏家族史   195
  一、家族简介   196
  二、人物关系图   197
  三、发迹和衰亡史   198
  四、诸葛氏的其他人物   234
  五、诸葛家的女人们   247
  六、诸葛家的亲戚们   253

司马氏家族史   257
  一、家族简介   258
  二、人物关系图   259
  三、发迹和衰亡史   260
  四、司马家的精英们   295
  五、司马家的女人们   302
  六、司马家的亲戚们   311

曹氏家族史

一、家族简介

汉末三国时代，以曹操为核心的沛国谯县（今安徽省亳州市）曹氏家族建立了曹魏政权，该政权存在于220年至265年，持续46年，是三国时代并立的三个政权中实力最强大的一个。

汉末天下大乱，在群雄逐鹿中曹操脱颖而出，逐渐统一了北方，213年受封为魏公，此后又晋为魏王，在东汉政权之下建立"魏国"。220年，曹操的儿子曹丕逼迫汉献帝禅让，建立曹魏政权，正式取代了汉王朝，定都洛阳。

三国曹氏家族以曹操为代表，曹操之上可以追溯两代，之下可以至少下溯三代，其中各类人才辈出，不仅有五位在位的皇帝，还有不少精英人物，包括历史上著名的军事家、文学家、哲学家以及其他搅动历史风云的人。同时，围绕着曹氏的数代人，也有几位著名的女性人物，常常被后世提及。

三、发迹和衰亡史

（一）大宦官爷爷

曹家是从曹操的爷爷曹腾开始发迹的，他是个大宦官。

提到宦官，容易想到高力士、魏忠贤、冯保什么的，但他们在曹腾面前都只能被称为小高、小魏或小冯。

曹腾进宫比较早，因为老实，被汉顺帝刘保的老妈看中，让他陪时为太子的刘保读书，曹腾便跟刘保成了同学。

刘保当皇帝后，不断提拔老同学，曹腾当上了小黄门、中常侍。

【小贴士】中常侍，西汉时为皇帝近臣，是加官，给事左右，职掌顾问应对。东汉时中常侍已非加官，而成为有具体职掌的官职，品秩升为比二千石，属于"省部级"，多以宦者担任此职。这个官职对东汉末年朝局走向衰乱产生过较大影响。

刘保死后，他的梁皇后成为梁太后，曹腾"转岗"到太后宫任职，担任大长秋，是地位最高的宦官。

梁太后有个哥哥，就是著名的"跋扈将军"梁冀，一瞪眼连皇帝都敢杀敢废，没人不怕他，但他却不敢在曹腾面前耍横。

不仅不敢，梁冀还低三下四请曹腾帮忙，希望曹腾支持他。

曹腾先后侍奉过5位皇帝，前后长达30多年，一直是宦官里的"男一号"，堪称一项惊人纪录。

比较难得的是，曹腾没有犯过大的过失，也没有做过什么大奸大恶的事，史书对他的评价还挺好。

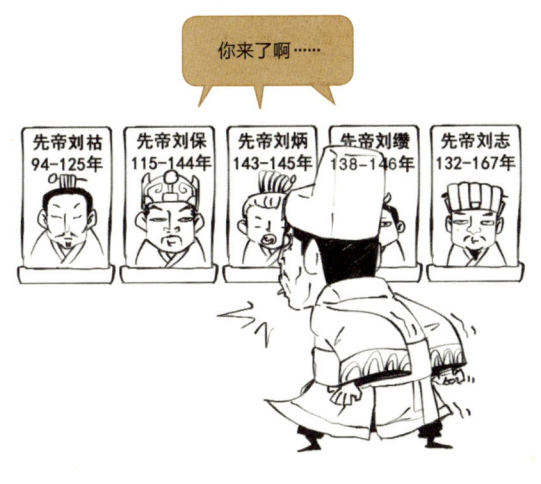

曹腾得势时，提拔过张温、张奂等多位汉末的名将，他们都是汉末军中"元帅级"的人物，这为其孙子曹操后来顺利步入军界铺了路。

(二) 老爸很有钱

宦官本没有后代，但他们权势太大，皇帝便允许他们收养子为后代。

东汉末年宦官允许收养子，就是从曹操的爷爷曹腾开始的。

> 呦，曹公公，您也来给孩子开家长会啊？

曹腾收的这个养子名叫曹嵩，有人说他是乞丐的儿子，还有人说他本来姓夏侯。

但这些都没有依据，推测起来可能性也不大。

曹腾收养子的时候曹家已经发达了，家里有兄弟多人，侄子一辈中人物也不少，曹家可谓枝繁叶茂，这一点从现存的"曹氏家族墓群"的庞大规模就可以看出来。

【小贴士】曹氏家族墓群，汉末三国时期的曹氏家族墓群，位于今安徽省亳州市魏武大道两侧，占地达10平方千米，包括董园汉墓群、曹四孤堆、薛家孤堆、张园孤堆、马园汉墓群、袁牌坊汉墓群、刘园孤堆、观音山孤堆、元宝坑孤堆、姜家孤堆等，除葬有曹腾外，还有曹鼎、曹鸾、曹勋、曹水、曹宪等人的墓冢，以及许多不知名的坟墓。

既然家族中人丁兴旺，随便找一个自家人就行了，干吗要收一个异姓人来继承家业呢？

由于曹腾打的基础好，曹嵩年轻时很顺利地就步入了仕途，一口气做到了大司农（相当于现在的财政部长），还是管财政工作的，在那个时代，可以说要钱有钱、要权有权，风光无限。

当时的皇帝是汉灵帝，虽然是个文艺青年，但是特别爱钱，于是公开卖官。

曹嵩还想高升，同时也想为皇帝的买卖捧个场，就花了一亿钱买了个比大司农更高的官职——太尉，轰动一时。

充值就能变强！

小官
五百万至一千万

大官
两千万起上不封顶

官位一经售出不退不换，官位最终解释权归汉灵帝所有当时的一钱顶现在至少3块钱,曹家该多有钱啊!

号外号外!
曹嵩一亿钱买太尉啦!

(三)"家庭出身"的烦恼

曹操从小家庭生活极为优渥,但他却过得不开心,因为小伙伴们经常拿他的宦官爷爷说事。

曹操特别要强,总想做出点儿什么让大家看看。

曹操刚参加工作的这一年，当的是洛阳北部尉（首都洛阳北部地区公安局局长）。

一天晚上，在巡查时发现一伙人违反宵禁的命令，曹操让手下把这伙人抓了起来。

一个领头的家伙口出狂言："你们惹祸了知道吗？知道我是谁吗？蹇硕是俺的亲侄！"

真的啊！

曹操一听高兴了:"原来是大宦官蹇硕的亲叔啊,可等着你了!"

曹操一脸坏笑地招呼手下:"好好招呼咱们蹇叔,给我往死里打!"

手下众人抡起大棒,一会儿工夫蹇叔就断气了。

曹操棒杀蹇叔,震惊官场,再也没有人拿他出身于宦官家庭说事了。

这一年曹操只有20岁。他想干出番大事业。

（四）难解的心结

曹操后来果然干成了大事，当上了魏公、魏王。

曹操想选个接班人，但他的儿子实在太多了，足足有 25 个。曹操最喜欢的儿子是曹冲，就是称象的那个神童。

可惜的是，曹冲死得太早了，曹操对曹丕等人说："冲儿死了，是我这个当父亲的不幸，是你们兄弟的大幸啊！"

曹操又倾向于曹植，这让曹丕很紧张。曹丕马上召集一帮人出谋划策，而曹植的身边也迅速聚集起一帮人，双方展开智力大PK。

曹操实在不知道选哪个，问了身边许多人，结果支持曹丕的更多。

曹操最后选了曹丕，曹丕听到消息时正跟一位姓辛的大臣说话，他激动地搂住人家的脖子："辛君，你知道我有多高兴吗！"

之所以这么激动，是因为曹丕直到最后一刻仍不敢确认他能在这场夺权大战中胜出。

曹叡是曹丕的长子，按理应当继承皇位，但曹丕不喜欢曹叡的母亲甄宓，还将甄宓赐死，因此一直没有立曹叡为太子。

曹叡生活在幽森的后宫里，感受不到温暖，也没有安全感，20岁之前，大臣们甚至都没有见过他。

有一次，曹丕带着曹叡去打猎，曹丕先射中一只母鹿，之后命曹叡将母鹿的幼仔射杀。

曹叡不忍动手，跪在地上哭着对父亲说："陛下已经杀了它的母亲，现在就不要再杀它了！"

曹丕听完，心里有所触动，不久之后就立曹叡为太子。

（五）皇帝被逼造反

曹髦是曹丕的孙子，曹操的曾孙。他当皇帝时，司马昭掌握了大权，他是个傀儡皇帝。

曹髦不甘心做傀儡,他召集了几个大臣,愤怒地说:"司马昭之心,路人所知也!"

嗯?谁叫我?

曹髦决定讨伐司马昭,他从怀中掏出一份事先写好的诏书,扔在地上说:"就这么定了,大不了一死,有什么了不起!"

曹髦还悲愤地说:"何况不一定会死呢!"

曹髦拔剑就往外冲,后面跟着不少追随他的卫士、奴仆和宫女们。

杀!

Freedom! Freedom!

这样的"造反"相当于自杀,结果"曹魏三少帝"之一的曹髦被杀死在宫中,死时不满19周岁。

喂,领盒饭了!

【小贴士】曹魏三少帝,指的是魏明帝曹叡以后的三位曹魏皇帝,分别是曹芳、曹髦、曹奂,他们在位期间,曹氏势力已经衰落,他们逐渐沦为傀儡。由于他们要么被废、要么被杀,死后都没有获得皇帝的庙号,所以称为"少帝",《三国志·魏书》将他们合为一纪,即《三少帝纪》。

四、曹家的其他子孙

（一）"黄须儿"曹彰

曹操的另一个儿子曹彰，生得一副黄胡须，被曹操亲切地称为"黄须儿"。

曹彰小时候刚强坚毅，能左右开弓，剑术也非常厉害。

乐浪郡献来一只猛虎，关在铁笼里，兵士们看都不敢看。

曹彰不惧，进入铁笼，抓住虎尾巴，缠在自己胳膊上，把猛虎制服，老虎耳朵贴着地不敢出声，大家都佩服曹彰的神勇。

（二）养子何晏

何晏不是曹操的儿子，他的父亲死后，母亲带着他改嫁给了曹操。

何晏从小就很聪明，曹操特别喜爱他，走到哪里都把他带上。

何晏在曹府长大，曹操想要认他作儿子，何晏不愿意，便在地上画个方框，自己待在里面。

别人问何晏这是什么意思，何晏回答说："这是何家的房子。"曹操听说后大笑。

何晏成年后容貌俊美,面容白净,还挺喜欢修饰打扮,人称"傅粉何郎"。

魏明帝怀疑何晏脸上搽了一层厚厚的粉,想验证一下。一次在夏天,魏明帝专门请何晏吃热汤饼。

吃了一会儿,何晏便大汗淋漓,用衣服擦汗,擦完汗后,脸色更白净了,魏明帝才知道何叔叔没有搽粉。

五、曹家的女人们

(一) 卞夫人

曹操的卞夫人本来地位不高,是倡家出身。

【小贴士】倡家,汉代是指出入于天子诸侯的宫殿和权门之家,并在其宴席上表演歌舞和技艺用以维持生计的职业艺人集团。这种职业通常以家族为中心组成,"倡家"是指从事这种职业的家族。

但卞夫人是曹丕、曹彰、曹植的生母，在曹家地位显赫，后被曹操立为正室。

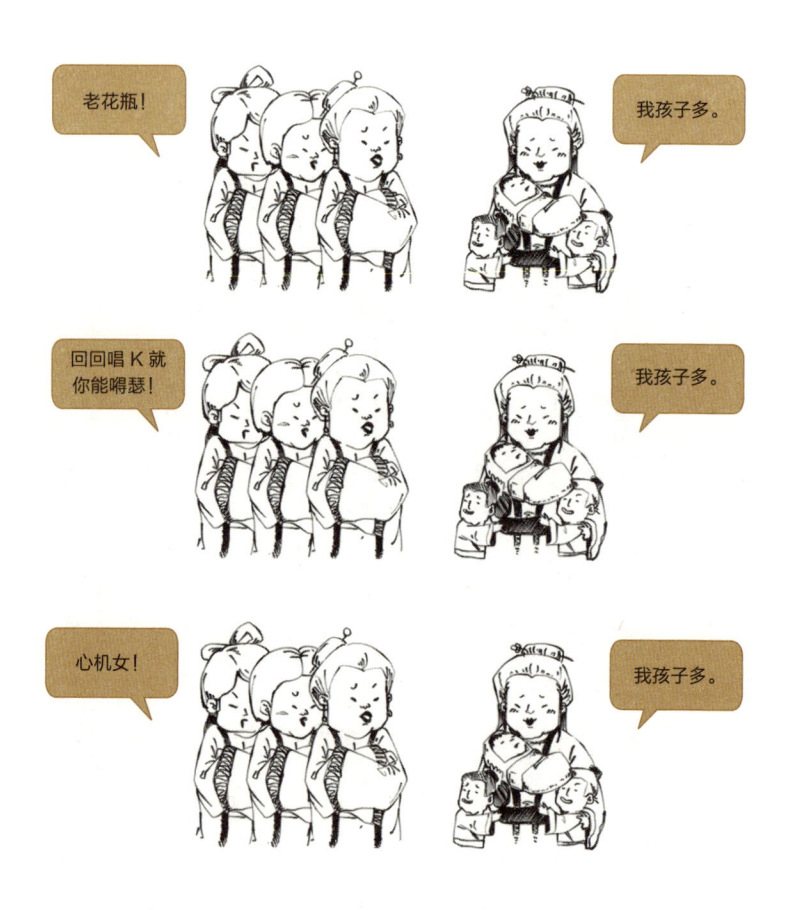

曹操之前的正室是丁夫人,因为一些事惹得曹操不高兴,被曹操休了,卞夫人则始终把丁夫人当成曹家的女主人看待。

曹操不在家的时候,卞夫人还偷偷把丁夫人接回来,让丁夫人坐在上座。

卞夫人受到曹操的高度评价,认为她"怒不变容,喜不失节"。

> 来大嫂,刚炒好的瓜子儿!

(二)丁夫人

曹操的正妻一开始是丁夫人,她没有生育儿子,这一直是她最大的遗憾。

另一位夫人刘氏生下了曹操的长子曹昂,但刘氏死得早,曹操把曹昂交给丁夫人抚养,丁夫人很喜欢曹昂,视他为亲生儿子。

曹操南征张绣,张绣投降,但曹操看上了张绣的婶子,纳其为妾,惹怒了张绣。

婶可忍，叔不可忍！张绣一怒之下再次叛变，打了曹操一个措手不及，随父出征的曹昂就在这场叛乱中被杀了。

丁夫人无法原谅曹操，经常在曹操面前抱怨、哭诉，要曹操还她的昂儿。

曹操一气之下把丁夫人送回娘家，想让她消消气。

一次，曹操在外征战时路过丁夫人的老家，主动到老丈人家里看望丁夫人。

丁夫人正在织布，有人赶紧通报说曹公来了，但丁夫人跟没听见一样。

曹操过去，拍着丁夫人的背说："回头看看我嘛，跟我一块回去吧！"哪知丁夫人头也不回，也不回答。

曹操无奈，只好悻悻而出，走到门外，又回头说："难道还让我求你吗？"

丁夫人仍不说话，曹操叹息道："看来真的情意已绝了！"

曹操只好把丁夫人休了，希望丁夫人娘家人再把她改嫁。

可谁敢娶曹操的前妻？即使有胆大敢娶的，丁家人也不敢嫁。

（三）甄夫人

曹丕第一位妻子甄夫人本是袁绍的儿媳妇，袁绍集团失败后，曹军攻占了袁氏的大本营邺县。

曹丕当时只有 18 岁，听说发现了袁绍的老婆和家人，就过来看。

待我去看看。

袁绍的老婆刘氏吓得魂飞魄散，为了求活命，她让人把自己捆了起来。

不过她倒没怎么引起曹丕的注意，而是她身后一个蓬头垢面的女人引起了曹丕的强烈兴趣。

这个女人低着头，浑身脏兮兮的，好像吓得不轻，不停地哭。但是，尽管这样也难掩她的姿容。

曹丕问刘氏她是谁,刘氏回答说是二儿媳妇甄宓,也就是袁熙的妻子。

刘氏发现曹丕不停地盯着儿媳妇看,心里明白了个大概,于是给儿媳妇整理了一下头发,又用手巾擦了擦脸。

曹丕这才看清了她的样子，果真美丽无比。

曹丕没说什么，点了点头就走了。曹丕走后，刘氏激动地对儿媳妇说："这下好了，我们不用死了！"

耶！不用死喽！

果然，曹丕向父亲请求将袁绍的儿媳妇甄氏嫁给自己，曹操答应了。

> 我找到真爱啦！

（四）郭女王

曹丕一开始非常宠爱甄宓，但后来又喜欢上了郭夫人，这位郭夫人字"女王"，人称"郭女王"。

甄宓死的时候曹叡年龄还小，曹丕先前让李夫人代养过曹叡一段时间，李夫人后来偷偷告诉曹叡，他的母亲是被郭女王诬陷致死的。

李夫人还告诉曹叡，他的母亲下葬时没有大殓，披散着头发盖着脸，曹叡听了十分悲伤。

曹叡继位后虽然尊郭女王为太后，但知道母亲的一些事后他的心里很难平静，多次向郭太后询问母亲的死状。

郭太后被逼无奈，对曹叡说："那些都是先帝的诏令，你为什么要来责问我？你作为人子，怎能向死去的父亲追仇？又怎么能为前母而枉杀后母呢?"

曹叡的心结仍然难解,以后又不断追问,让郭太后心怀忧惧,不久后郭太后就去世了。

(五)薛灵芸

魏文帝曹丕后宫里美女如云,其中有一名美女叫薛灵芸,她出身贫寒,但出落得异常美丽。

常山郡太守谷习听说薛灵芸的美貌,就用千金聘走薛灵芸,之后把她献给了曹丕。

薛灵芸不想走入深宫,但也无奈,她与父母告别时泪沾衣襟,一路上也流泪不止。

薛灵芸用玉唾壶盛泪,泪水在壶中化成了红色,由此留下了一个"红泪"的典故。

离洛阳还有数十里,曹丕派了10辆雕花的车来迎接,为了不耽误时间,曹丕让车队连夜赶路,命人在沿路点起膏烛照亮,经久不熄,车子所过之处尘土遮蔽了星月,时人称为"尘霄"。

到了洛阳,曹丕对薛灵芸异常宠爱,为博得她的欢心,在洛阳皇宫里用赤土作基修筑了一座100米高的台阁,列膏烛于台下,名叫"烛台"。

薛灵芸趁夜而来,于是有了一个雅称叫"夜来"。

曹丕对薛灵芸百般宠爱,异邦进献的火珠龙鸾钗很漂亮,曹丕赐给她,但又问她是不是觉得龙鸾钗太重,细心如此。

薛灵芸从小干家务,缝制衣服的针在她手里出神入化,夜里不用点灯也可运用自如,凡不是薛灵芸缝制的衣服,曹丕一律不穿,后世于是又称薛灵芸为"针神"。

一天晚上曹丕在灯下咏诗,室内摆着一件约2米长的水晶屏风,薛灵芸来了,由于有些急,不小心脸碰在了水晶屏风上。

薛灵芸没有受伤,但脸却被碰红了,红色如朝霞将散未散之状,更令人觉得美丽无比,于是宫人们纷纷用胭脂仿画这种红状,称"晓霞妆"。

"红泪""夜来""针神""晓霞妆",这些雅称和典故都集这位出身贫寒的女孩于一身,薛灵芸真可以称得上三国时代的"第一灰姑娘"。

六、曹家的亲戚

（一）连襟夏侯渊

曹家和夏侯家都出身于沛国谯县,两家关系一直亲密,曹操的正妻是丁夫人,丁夫人的妹妹嫁给了夏侯渊,夏侯渊和曹操是连襟。

夏侯渊有个表侄女,有一天外出打柴,被路过此地的张飞看到了,张飞很喜欢她,就强迫她嫁给了自己,这样一来张飞与夏侯家就成了"实在亲戚"。

夏侯渊的表侄女嫁给张飞以后,生下一个女儿,这个女儿又嫁给了蜀汉后主刘禅,这样论下来,刘备也是夏侯渊的亲戚。

夏侯渊后来战死在汉中,夏侯妹妹专门向刘备求情,希望厚葬她的表叔。

再后来,夏侯渊的儿子夏侯霸在曹魏待不下去了,叛逃到蜀汉,刘禅专门把儿子叫出来,指着他对夏侯霸说:"这是夏侯家的外甥啊!"

(二)女婿何晏

曹操的养子何晏勤奋好学,又特别聪慧,加上所受的教育也很好,所以日后成了一位著名的哲学家,是魏晋玄学的创始人之一。

> 【小贴士】玄学,又称新道家,是对《老子》《庄子》和《周易》的研究和解说,产生于魏晋,玄学家多是当时的名士,主要代表人物有何晏、王弼、阮籍、嵇康、向秀、郭象等,其思潮主要持续时间自汉末起至宋朝中叶。

何晏既是曹操的养子,同时又娶了曹操的女儿金乡公主,成了曹操的女婿。

但何晏人品不怎么样,他非常好色,纳了不少妾室,还喜欢服用五石散,又与曹爽等人混在一起作恶。

金乡公主很贤明,对母亲说:"何晏一天比一天恶劣,一定会惹祸上身,该怎么办呢?"

母亲认为是她嫉妒了,没有当回事。

后来何晏作为曹爽的余党被司马懿杀死,司马懿派人抓捕何晏只有几岁的儿子,金乡公主苦苦哀求,司马懿赏识公主之前有先见之明,就放过了何晏的儿子。

（三）女婿汉献帝

曹操生活的年代是东汉末年。东汉最后的3位皇帝分别是汉桓帝刘志、汉灵帝刘宏和汉献帝刘协。曹操出生在汉桓帝在位时，在汉灵帝时期开始做官，而打交道最多的是汉献帝。

汉献帝是军阀董卓所立的皇帝，是一个傀儡。董卓死后，汉献帝落入其旧部之手，仍然是傀儡。汉献帝后来设法逃出控制，获得自由，但势单力孤，各地割据势力都忙着扩充实力，没人愿意保护他。

在生存都成问题的情况下，最后是曹操伸出了援手。曹操"奉天子以令不臣"，将汉献帝和东汉朝廷安置在许县。

曹操打着汉献帝的旗号东征西讨，汉献帝成为曹操对付各地割据势力的一张"王牌"。可时间长了汉献帝对曹操也越来越不满。为加强对汉献帝的控制，曹操索性把自己的3个女儿同时送入皇宫，其中年龄最大的曹节被册封为皇后。

曹节当了汉献帝7年的皇后，后来曹操的儿子曹丕通过禅让称帝，结束了东汉王朝，汉献帝被降为山阳公，曹节降为山阳公夫人，他们一同去了山阳公的封地。

临行前，曹丕派人去要皇后的玉玺，曹节很生气，不给。

前后去了多次，曹节最后把来人唤进亲自斥责，又把玉玺扔在地上。曹节流着泪说："老天不会保佑你的！"

山阳公刘协死于曹魏青龙二年（234年），时年54岁。

曹操的女儿、山阳公夫人曹节又过了27年才去世，她的另外两个妹妹情况不详。

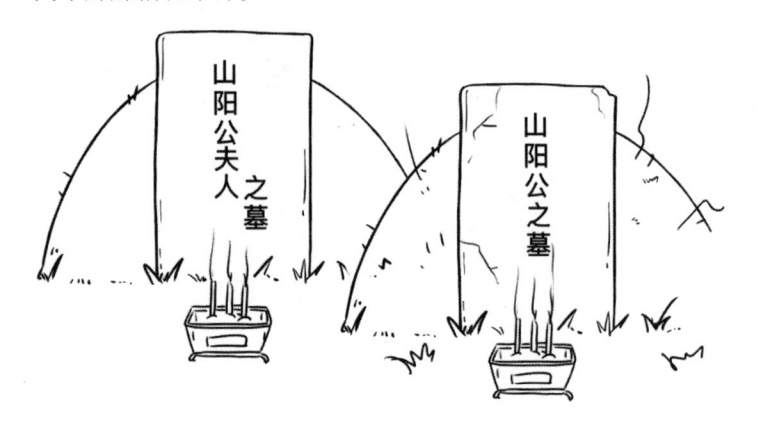

袁氏家族史

一、家族简介

在中国古代，说某一家族家世显赫、世代为官，经常用"×世×公"来形容，这样的说法最早来自于汉末三国的袁氏家族。所谓"公"，指的是司徒、太尉、司空这三公，在当时他们的地位超过部长级的九卿，是朝臣的领袖。一个家族连续几代中每一代都有人担任三公，这是极其不易也是极其荣耀的事。

袁氏的祖籍在豫州刺史部汝南郡汝阳县（今河南省商水县），这个家族兴起于汉章帝时的袁安，其后诞生了袁京、袁敞、袁汤、袁平、袁成、袁逢、袁隗等政治人物，近百年里保持长盛不衰，创造了"四世三公"的政坛奇迹。到了东汉末年，这个家族又出现了袁绍、袁术等风云人物，丰厚的政治资源，原可以保证他们的仕途一帆风顺，创造"五世三公"的神话也轻而易举。

然而时代发生了巨变，袁绍、袁术以敏锐的眼光窥伺到这一切，所以年轻时他们就自觉走上了一条与先辈们迥然不同的道路。他们拥有了实力，也赢得了声誉，结束天下乱局的重任最有可能落在他们的肩上。然而，由于自身性格上的缺陷，造成袁绍、袁术在战略和战术上的接连失误，袁氏家族的政治梦想也过早地止步了。

二、人物关系图

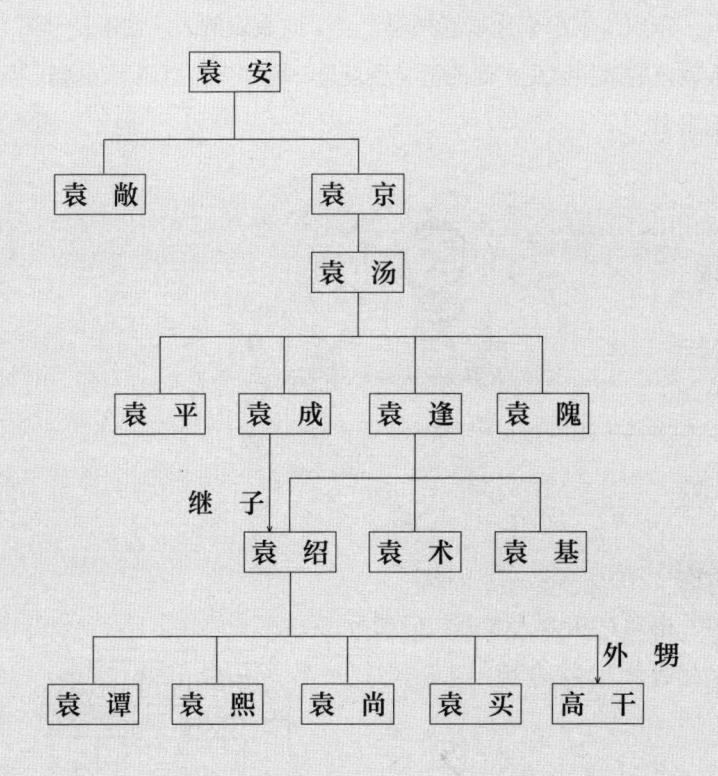

```
                    袁安
           ┌─────────┴─────────┐
         袁敞              袁京
                              │
                            袁汤
              ┌──────┬──────┼──────┐
            袁平   袁成   袁逢   袁隗
         继子    │      │
            ↓    │      │
           袁绍  袁术   袁基
              │
    ┌────┬────┼────┬──────外甥
    │    │    │    │       ↓
  袁谭 袁熙 袁尚 袁买    高干
```

三、发迹和衰亡史

（一）"袁安困雪"

东汉汝南郡袁氏家族兴起于一个叫袁安的人，他本是一名为人敦厚的基层官吏，他的祖父袁良是一名学者，以研习《孟氏易》而出名。

书香门第令人羡慕，但那个时候做学问并不吃香。

他很勤奋，但只做到县令。

袁安从小跟着爷爷学习经学，不仅学问好，而且"为人严重有威，见敬于州里"。

袁安的官运也不行，只担任了县里的功曹，这个职务负责官吏考核工作，相当于县人事局局长。

有一年冬天，袁安家乡一带发生了严重雪灾，"大雪积地丈余"，很多人没有吃的。

手里有些权力的官吏，都会想办法收取贿赂以求活命。

一天，县令冒雪出来巡察，走到袁安家门口，发现屋外的雪地上没有一点脚印。

县令叹了口气，以为这个老实的书呆子已经饿死了，就吩咐人去收尸。

大雪无情啊！

进屋一看，发现袁安还没死，剩下一口气。

呜呜呜，宝宝还活着。

县令问袁安为什么宁死也要困于家中,袁安回答:"大雪天里人都在挨饿,我不忍心盘剥别人。"

宁可饿死也不肯受贿,这种精神感动了袁安身边的人,袁安的事迹传开了。

东汉新闻

🔥 转疯了!袁安事迹感动全球!

♡ 皇上、县令

袁安被树为官员的典型，朝廷号召全国各级官吏都向他学习，"袁安困雪"也成为一个典故。

（二）第一位三公

袁安因为事迹突出而被举荐为孝廉，走上新的仕途。

【小贴士】孝廉，汉武帝时设立的察举考试的一种科目，孝廉是孝顺父母、办事廉正的意思。汉武帝采纳董仲舒的建议，于元光元年（前134年）下诏，要求各郡国每年察举孝者、廉者各一人，不久这种察举就通称为"举孝廉"，成为汉代察举制中最为重要的科目，所推举的孝廉是汉代政府官员的重要来源。

袁安先后担任过阴平县长和任城县令，所任职的地方，官吏、百姓既畏敬又爱戴他。

袁安职位图鉴

永平十三年（70年），楚郡发生谋反事件，朝廷认为袁安很有能力，就任命他为楚郡太守，前去审理此案。

袁安到任后，不搞严刑逼供，而是平反冤假错案，前后释放了400多人，受到社会上的好评。

"岁余，征为河南尹。"袁安被征召担任河南尹，在任10年，其间政令严明，廉洁奉公，袁安因此名重于朝廷。

【小贴士】河南尹，东汉时期的官职名。秦统一全国后实行郡县制，在洛阳设置了三川郡。汉初，改三川郡为河南郡，郡治在洛阳县。汉武帝时天下设置十三州，河南郡隶属于十三州之一的司隶校尉部。建武十六年（40年）改河南郡为河南尹，相当于郡太守，由于其管辖着首都所在地区，河南尹也可以视为"天下第一郡太守"。

建初八年（83年），袁安升任太仆，成为部长级高官。

袁安职位图鉴

元和三年（86年），袁安接替告老还乡的第五伦担任司空，次年又接替桓虞担任司徒，司空、司徒都是三公之一，袁安成为袁氏家族的第一位三公。

（三）葬地兴族

《后汉书》说，袁安的父亲去世时，母亲让袁安去访求葬地。

袁安在寻找墓地过程中，在路上碰见了三个书生。

书生问袁安去哪里,袁安把找墓地的事告诉了他们。

书生们于是指了一处地方,对袁安说:"把你的父亲葬在那里,你们家族将会世代担任上公。"

袁安正诧异间,三个书生不见了。

袁安更感到奇异,于是就把父亲葬在了那个地方,结果其家族从此兴盛起来。

《后汉书》还书，袁安的妻子死得比较早，葬在了家乡。

到袁安临终时，给儿子们留下遗言："我担任朝廷重臣，按制度当配葬于帝陵，不能归葬家乡。你们的母亲已先葬于家乡祖坟，我死后就不要再麻烦给她迁坟了，就让她葬在家乡吧！"

袁安的儿子们不敢违背父亲的意愿，没有迁移母亲的墓。

听爸爸的话。

这两件事有点玄奥，被认为是袁氏后来能发迹的重要原因，虽然它们都记录在史书里，但这些都属于迷信，是袁氏发达后人们附会出来的。

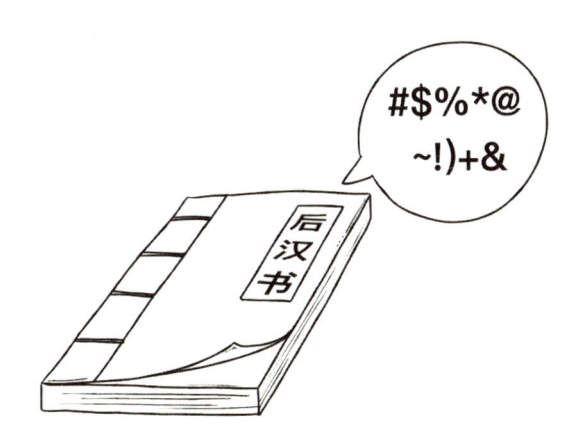

（四）"袁氏故吏"

在东汉，如果能做到三公的高位，就拥有了开府的特权。

【小贴士】开府，指古代少数高级官员有权建立府署并自选僚属。汉朝时三公、大将军可以开府，汉末局势混乱，一些将军也获得了开府资格，一般"开府仪同三司"，也就是按照三公的标准组建办事机构。

以司空为例，其分管九卿中的宗正、少府、司农三卿，司空府的属吏包括"长史一人、掾属二十九人、令史及御属四十二人"。

在司空府，有一个 72 人组成的庞大办事机构，而这些人均由司空本人自行聘任。

三公可以自行聘任属吏，相当于本职行政权力外还拥有一项重要权力：人事权。

通过这项权力，三公可以大量培植自己的势力，那些被招揽来的人就被称为三公的"门生故吏"。

在"门生故吏"眼中，聘用自己的人不仅是长官，还是政治上的启蒙人和领路人，聘任者与被聘任者结成一种特殊的政治血缘关系。

袁氏连续四代人都当过三公，在位时间加在一起近百年，他们所开的"府"一个接一个，聘用过的人不计其数。

这些人互相勾连，相互关照、提携，形成特别的政治团体，他们中的许多人得到关照后转任朝廷或地方的高官，从而织成一个庞大的政坛关系网。

政坛关系网

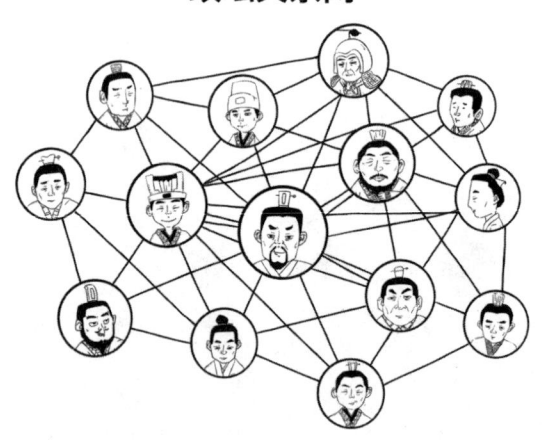

袁绍的父亲袁逢、叔父袁隗都担任过三公，那时袁家同时有两个"府"。

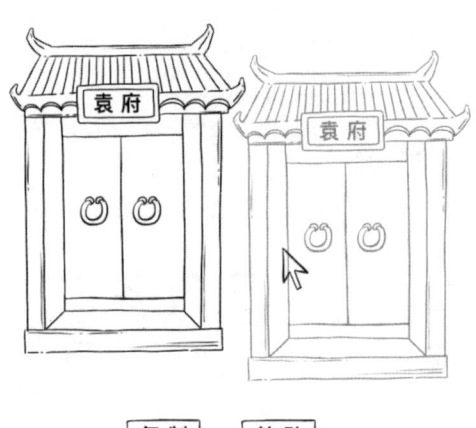

袁绍的继父袁成虽然没有担任过三公，但也非常有能力，跋扈将军梁冀把持朝政期间对袁成都礼让三分。

袁成的名声很大，当时社会上流传"事不谐，诣文开"的顺口溜，袁成字文开，这句顺口溜的意思是"事情摆不平，就去找袁成"。

"袁氏故吏"在当时是一股重要的政治势力，很多人都以能成为"袁氏故吏"为荣。

袁家有事，"袁氏故吏"自然都很积极，袁绍的母亲去世，在家乡办丧事，各地前来参加丧礼的居然有三万人。

来宾的车子多达几千辆,有的人是从几百里、上千里之外特意赶来的,这其中还包括年轻时的曹操。

哥们你往前挪挪啊!

当然,"袁氏故吏"里也混进来了个别六亲不认的野心家,董卓就是其中的一个。

（五）袁绍与袁术

袁绍与袁术本是亲兄弟，他们的父亲名叫袁逢，跟袁成是兄弟关系。

袁成死得早，袁逢就把袁绍过继给了袁成，以继承家业。

古人更注重亲属之间的法律关系，袁绍过继给叔父，袁成就成为袁绍法律上的父亲，袁逢是袁绍血缘上的父亲。

袁术本是袁绍的亲弟弟，但袁绍过继给袁成后，袁绍就成为袁术的堂哥。

这兄弟俩关系一直不好,原因是袁绍的生母不是袁逢的正妻而是妾,袁术的母亲则是正妻,一个是庶出,一个是嫡出,二者差别很大。

【小贴士】嫡出与庶出,正妻为嫡,正妻所生的儿子谓嫡生、嫡子,即正宗之意。庶是旁支的意思,妾所生的儿子谓庶子、庶出。古代有立嫡、立长的规矩,一般来说嫡出的子嗣才有继承家业的资格。

还有一种说法，说袁绍的生母连妾都不是，其实是一名丫鬟，因为跟主人发生关系，有了孩子，这才被收为妾。

可能袁术的母亲对袁绍的母亲很不友好，这直接影响到袁术对袁绍的态度。

但袁绍能力比袁术强,始终压着他,名气比袁术大,交的朋友比袁术多,官做得也比袁术大,袁术对此一直不服气。

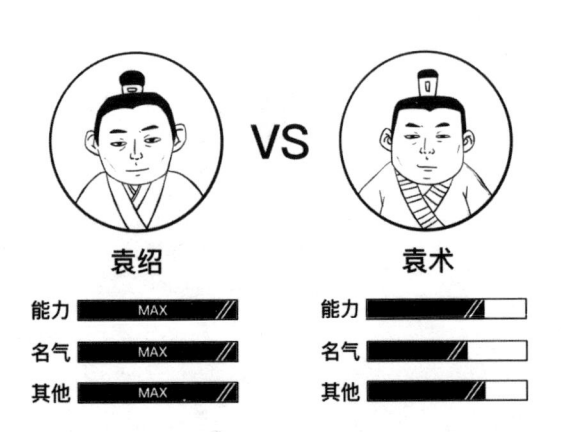

总之,袁绍、袁术兄弟二人关系不是很好。

史书记载，袁绍被提拔为侍御史的时候袁术担任尚书，袁绍不愿意比袁术职位低，就以生病为由求退。

袁术也经常拿袁绍的出身说事，甚至在给别人的信里公开宣称袁绍不是袁家的后代。

这导致兄弟二人日后决裂，围绕他们二人在汉末时代形成了两大集团，互相之间斗得你死我活。

（六）六年守孝避祸

袁绍的母亲去世，按礼制袁绍应辞官回到家乡为母亲守孝。

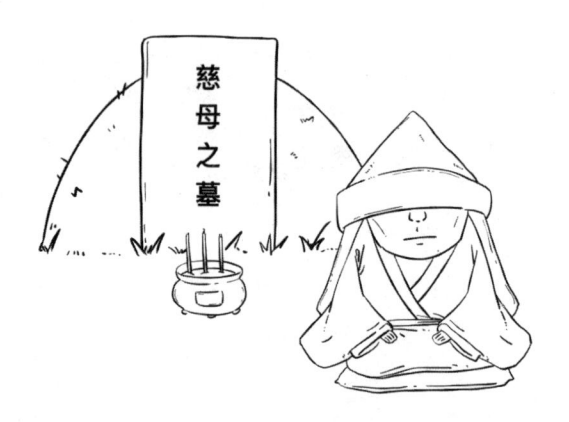

守孝是很苦的事，不仅时间很长，而且规矩很多：不能住在家里，只能在坟前搭个简易棚居住，其间不能东跑西窜，不能吃肉，不能有娱乐活动，过惯了荣华富贵日子的人根本受不了。

有的人表面上悲戚，心里肯定如煎似熬地掰着手指头算这样的苦日子什么时候结束。

可是，当袁绍在母亲坟前守完三年孝可以重新回去工作的时候，他却突然向朝廷请求把丧假再延长三年，他还要再为已故的父亲守三年孝。

袁绍的生父并没有死，袁绍是要为他的继父袁成守孝，其实袁成死得很早，袁绍这是要"补孝"。

袁绍的举动被理解为更大的孝行，因而受到大家的敬重。

袁绍于是又在继父坟前搭起个简易棚开始另一个清心寡欲的三年守孝生活。

三年……

有人说袁绍是在做秀，其实不是，他有难言之隐。

当时，连续发生了两次"党锢之祸"，袁绍刚入仕的这段时间恰是宦官和外戚占上风的时候，像袁氏这样的党人成为被打击对象。

严厉打击党锢！

【小贴士】党锢之祸，东汉末年把持朝政的宦官们迫害党人的政治活动。所谓"党锢"就是党人被禁锢，遭到迫害并被剥夺政治权利；所谓"党人"，就是像袁氏这样的士大夫阶层，是区别于宦官、外戚的另一股政治势力。

袁逢、袁隗官场经验很丰富，没有受到宦官们的直接打击，他们家社会关系太复杂，跟很多党人都有姻亲关系。

宦官是政治伦理极差的一族，迫害党人的手段也极其残忍，动不动就株连九族，在这种情况下，袁绍要求延长丧假就好理

解了。

袁绍是利用人们对丧者家属的同情心来避祸。

（七）灭亡惨祸

但是，袁氏后来仍然卷进了东汉末年的政治斗争中。

董卓把持朝政后，与作为党人领袖的袁氏矛盾越来越深。

董卓虽然也曾是"袁氏故吏",但他根本不把这个当回事。

袁绍与董卓彻底闹翻,之后与袁术一起逃出了洛阳。

他们一走了之，但袁氏一族的大部分人留在了洛阳，成为董卓手中的人质。

袁绍、袁术不顾家人安危，组织起反抗董卓的队伍，讨伐董卓。

董卓大怒，下令将留在洛阳的袁氏一族 50 多口人全部杀害，包括太傅袁隗、太仆袁基等。

（八）出了个伪皇帝

袁绍、袁术参加了汉末的群雄混战，成为当时著名的割据势力。

他们出身好，政治基础也好，个人也有能力，所以事业干得很大。

其中袁绍的实力最强，曹操一度都是他的附庸。

袁术虽不如袁绍势力大，但也割据一方，不容小视。

但袁术是个野心极大的人，一心想当皇帝，尽管遭到内外部的反对，他最终仍然冒天下之大不韪，宣称自己为"仲家"。

【小贴士】建安二年（197年）袁术在寿春自称"仲家"，有人认为仲家就是袁术新王朝的国号或年号，所以把袁术称为"仲家皇帝"。对此，袁术辩解说他看到天下大乱，自己出于一片责任心出来替汉室管管事，之所以自称仲家，是因为"仲"是第二的意思，在他心里还是把刘氏当老大，并没有真的想当皇帝。但这些都是袁术的诡辩，袁术称仲家后改九江郡太守为淮南尹，类似于西汉的京兆尹和东汉的河南尹，寿春于是成为伪朝廷的京师，袁术在这里任命公卿百官，建皇宫，设祠庙、明堂，所有一切都与真皇帝一模一样。

袁术这个"皇帝"并不被后世所承认，是一个伪皇帝，"在位"约两年即败亡。

（九）疑似家族遗传病

袁绍、袁术有一定能力，但他们也有共同的不足，那就是出身太好、起步太顺利，所以经不起挫折。

一点点小挫折

后来，袁术、袁绍先后败给了曹操。

袁术、袁绍都死于五十岁左右，袁术死时曾经吐血，袁绍临终前也出现这种状况。

这或许与他们的性格有关，受到强烈精神刺激，承受不住打击，这才吐血而死。

但也有一种可能，是他们有某种家族遗传病，造成了最后吐血的症状。

（十）不争气的后代

袁绍有三个儿子，分别是袁谭、袁熙和袁尚，他们都担任过州刺史，也都有一定才干。

对袁氏家族来说这本来是好事，但后来却成为袁氏集团彻底毁灭的诱因。

袁绍去世后，三个儿子个个认为自己有能力接班，尤其是长子袁谭和幼子袁尚，都认为自己才是袁氏基业的继承者。

加上下面的人推波助澜，袁氏集团很快形成两个阵营，没等敌人打上门来，他们自己先打了起来。

曹操抓住机会，将他们个个击破。

袁谭、袁熙、袁尚先后被杀，荣耀一时的汝南郡袁氏家族退出了汉末三国的政治舞台。

四、袁家的女人们

（一）袁绍的夫人刘氏

刘氏出身于皇族，与汉末三国的风云人物刘岱、刘繇是本家，出身高贵。

袁绍起兵之初，前景不明朗，曾让刘氏带着孩子回到时任兖州刺史的刘岱那里避难。

> 日日思君不见君……

袁谭、袁尚都是刘氏所生，但刘氏偏爱袁尚，处处偏袒维护自己的小儿子，这个"糊涂妈"成为兄弟二人后来相斗的重要推手。

刘氏妒忌心极强，袁绍去世后，还没等下葬，刘氏就将袁绍的五个宠妾全部杀死。

刘氏担心死者地下有知，可能与袁绍在阴间再度相会，又下令剃去她们的头发，用墨画满她们的脸。

袁尚则帮助刘氏杀光了袁绍妾室的家属。

母亲，事情办得妥妥的！

(二) 袁术的妻子冯氏

冯氏的确是一位绝色美女，本是北方人，后来一家人避难来到扬州。

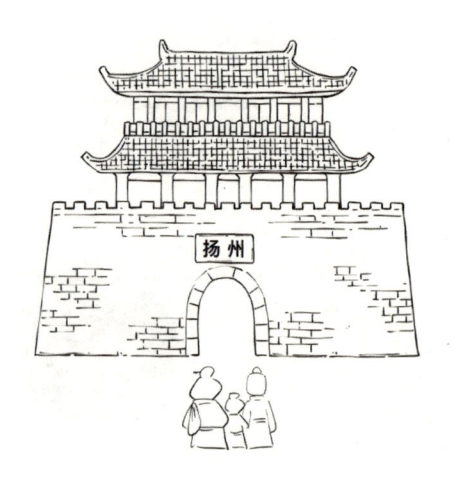

袁术在扬州当上"皇帝"后，有一次登城，看到下面的冯氏，很喜欢她，就纳她为夫人。

袁术十分宠爱冯氏，袁术后宫的其他妇人非常妒忌。

这些人对冯氏说："陛下最尊重有志向、有节操的人，你应当时时涕泣忧愁，一定会特别受陛下的敬重。"

冯氏信以为真，见到袁术就开始哭泣。

袁术还以为她是为时局动荡而忧虑，更加怜爱她。

那些妇人见计划没成功，干脆合起伙来用绳子把冯氏勒死了。

之后，把冯氏的尸体悬挂在厕所的梁木上。

袁术以为冯氏是过于忧心而悬梁自尽的，竟然没有追究，只是下令厚葬了她。

五、袁家的亲戚

（一）亲家曹操

袁绍和曹操很早就相识，袁绍比曹操大了 10 岁左右，二人在一生中都有扯不断的联系。

是朋友，是对手，同时二人还是亲戚。

袁绍去世后,曹操接受谋士的建议,先不主动发起进攻,而是让袁绍的儿子们互斗,自己坐收渔翁之利。

袁绍的儿子们果然打了起来,为争取外援,袁绍的长子袁谭居然主动投靠曹操。

曹操顺势而为,他积极拉拢袁谭,以使他们兄弟二人斗得更凶。

为让袁谭安心，曹操让自己的儿子曹整娶了袁谭的女儿。

如果按这层关系论，曹操跟袁谭就成了平辈，而比袁绍低了一辈。

曹操如果见到袁绍，还得喊一声"袁叔叔"呢！

（二）女婿孙权

袁术失败后，他的后事主要由当时跟在身边的从弟袁胤料理的。

袁胤畏惧曹操，不敢往北方去，只好率袁术的残部和家眷奉袁术的灵柩往南走。

➡ 南

我一路向南，离开有你的世界~~~

他们投奔了袁术的老部下、庐江郡太守刘勋。

刘勋后来被孙策打败，袁术的家眷于是为孙策所得，其中袁术的女儿被孙权看中，成为孙权的夫人。

袁夫人为人贤良，她没有生育，孙权屡次将其他妃嫔所生的儿子交给她抚养，袁夫人也总是抚养得很好。

孙权一度想立袁夫人为皇后，但袁夫人以膝下无子为由推辞不受。

好孩子专业户

（三）女婿蹋顿

蹋顿是东汉末年辽西乌桓人的首领，他很有能力，统一了乌桓各部。

在政治上，乌桓人站在袁绍的一边，成为袁绍的盟友。

好盟友，手拉手

蹋顿向袁绍提出，希望娶他的女儿为妻，双方和亲，以固友好。

袁绍也愿意通过和亲进一步拉拢蹋顿，但不想把女儿嫁到少数民族部落里去，就在本族里找了一个女孩，对外说是自己的女儿，嫁给蹋顿。

袁绍失败后，二子袁熙、三子袁尚走投无路，前往乌桓投奔"妹夫"蹋顿，蹋顿欣然相助。

曹操为彻底消除袁氏集团的影响力，亲自率兵发起北征乌桓之战。

双方决战于白狼山，蹋顿战败，临阵被斩杀。

（四）外甥高干

高干是汉末陈留郡圉县（今河南省杞县圉镇）人，蜀郡太守高躬之子，也是袁绍的外甥。

袁绍很欣赏这个外甥，他当时手里有四个州，让三个儿子各领一州，另外一个并州交给了高干。

袁绍去世后，高干看到大势已去，投降了曹操。

但后来高干又起兵反抗曹操，曹操亲自领兵讨伐，高干失败后被杀。

孙氏家族史

一、家族简介

三国时期孙吴政权的创建者是江东孙氏家族，其政权原称"吴"。作为地理概念，"吴"本是长江下游南岸一带地域的总称，封建时代常被用作爵位、国号的名称，为区别于公元前12世纪至春秋战国时期的诸侯国吴国以及五代时期的吴国，一般称孙氏家族建立的政权为"孙吴"，因其居于东部，又称"东吴"。

孙吴政权的奠基者孙坚是汉末扬州刺史部吴郡富春县（今浙江省杭州市富阳区）人，曾长期担任县丞一类的基层职务，后参加了朝廷讨伐黄巾军的军事行动，因军功累累升至长沙郡太守。孙坚死后，其子孙策向江东发展，逐渐控制了整个江东地区，被东汉朝廷封为吴侯。孙策死后，其弟孙权执掌兵权，表面上服从曹操控制下的东汉朝廷，220年曹魏政权建立，曹丕封孙权为吴王。222年孙权自立年号，229年孙权称帝，以"吴"为国号。

孙吴政权共存续59年（222—280年），共4位皇帝：吴大帝孙权在位30年，孙权之子、会稽王孙亮在位6年，孙权之子、吴景帝孙休在位6年，孙权之孙、乌程侯孙皓在位17年。孙氏家族在孙坚时代已呈繁盛之势，至孙吴末代皇帝孙皓，前后至少有4代人活跃在历史舞台上。

二、人物关系图

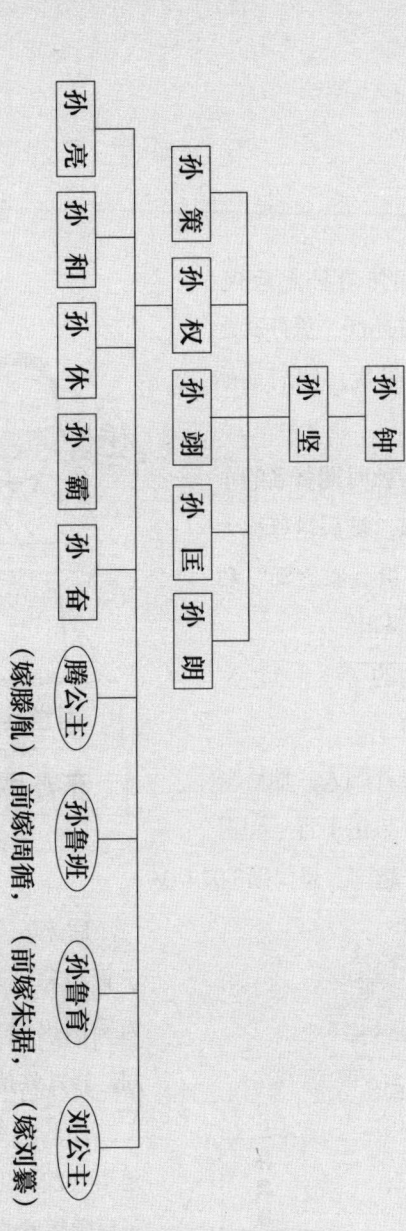

```
孙钟
 └─ 孙坚
     ├─ 孙策
     ├─ 孙权 ─┬─ 孙亮
     │       ├─ 孙和
     │       ├─ 孙休
     │       ├─ 孙霸
     │       ├─ 孙奋
     │       ├─ 腾公主（嫁滕胤）
     │       ├─ 孙鲁班（前嫁周循，后嫁全琮。）
     │       └─ 孙鲁育（前嫁朱据，后嫁刘纂。）
     ├─ 孙翊
     ├─ 孙匡
     └─ 孙朗
刘公主（嫁刘纂）
```

三、发迹和衰亡史

（一）相传为孙武后代

史书上说孙氏"盖孙武之后也"，也就是说，他们是孙武的后代。

孙武，春秋时期著名的军事家、政治家，被后世尊称为"兵圣""百世兵家之师"和"东方兵学的鼻祖"。

流传千古的《孙子兵法》，就是孙武写的。

孙武本是齐国人，他后来到吴国效力，与伍子胥一起帮助吴王打败了越国，是吴国的功臣。

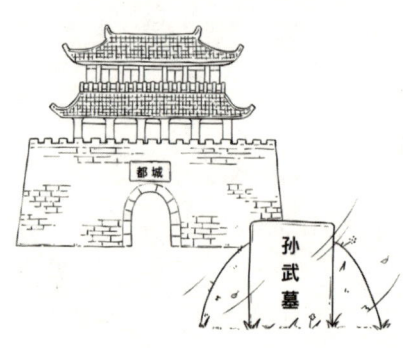

后来，孙武的好朋友伍子胥被吴王冤杀，孙武不再为吴国出谋划策，他隐居乡间，修订兵法著作。

孙武大约去世于卫庄公元年（前480年），死后葬在了吴国都城的郊外。

孙坚是吴郡人,说他是孙武的后人,倒是有一定的合理性。

但问题出在史书上的一个字:盖。

这是"大概"的意思,也就是说,没有那么准确。

你说你是名门之后,不是自己说说就管用,你得拿出家谱来,有没有宗祠?街坊邻里是否承认?官方是否认可?传了几世几代?这些都必须确凿无误才行。

显然,孙坚没有这些,使"孙武后人"这个招牌掺了水分。

这个说法,大概是孙氏发迹后史官给的面子,毕竟三国另外两家——曹操和刘备,人家的家世都说得很清楚,且十分显赫。

(二)孙家的"灵异事件"

关于孙氏的家世,史书里还一个说法,说他们在富春"世仕吴",也就是连续多辈人都做官。

然而，史书没有记载下这些做过官的孙氏先人的名字，估计是所做的官职并不太高。

《二十四史》之一的《宋书》里有一个《符瑞志》，专门讲各类"灵异事件"，里面记载了与孙氏有关的一些细节。

据它的记载，孙坚的爷爷是富春的一个瓜农，全家以此为主要营生。

有一年闹饥荒，有三个少年跑来要瓜吃，孙坚的爷爷为人厚道，就给了。

这三个少年吃了瓜，对孙坚的爷爷说这座山下风水很好，往下走一百步的地方，可以作冢。

孙坚的爷爷信了，临终告诉家人务必把自己葬在那里，但不知是他记错了还是家人没有弄准，他最后葬的地方不是一百步，而是

三十步。

所以有人说，如果当初选定的地方再精确一些，孙吴政权存续的时间就不止五十多年了。当然，这是一种迷信的说法。

孙坚的母亲这时正怀着孙坚，有一天做了个梦，梦见肠子从腹中拖出，之后肠子"绕吴昌门"。

醒来后，孙坚的母亲很害怕，跟邻居家的一位老太太说了，老太太说："这是吉兆啊！"

孙坚出生后，果然容貌不凡，似乎正应了"吉兆"。

另有一部史书记载，孙坚出生的时候祖坟上有"云气五色"，蔓延数里，附近的人都能看到。

父老乡亲们都说："这不是一般景象，孙家恐怕要强盛起来了！"

当然，这些都是迷信的说法，虽然记录在史书里，但并不可信，也许是孙氏发迹后人们附会的。

（三）少年破匪

孙坚的父亲是一名基层官吏，有一次孙坚和父亲一起乘船去钱唐（今浙江省杭州市）。路上碰到一伙海盗在抢劫来往的商人，得手后海盗们正在分赃,这时别的人都不敢靠前。

孙坚观察了一下,发现海盗们警惕性不高,就对父亲说可以发起攻击。

但父亲不同意他冒险。

> 老爸!咱们可以发起攻击了啦!

孙坚不顾父亲的反对,操刀只身来到这伙海盗面前!

孙坚手里指指点点,嘴上念念有词,好像自己这一方有很多人似的。

> 儿!不要啊!

这一招很奏效，海盗们丢下抢来的东西就跑。

孙坚只身追赶，杀了一名海盗。

孙坚的英雄壮举惊动了官府，这一年他只有17岁，于是被征召到官府当差。

第二年，吴郡南面的会稽郡闹民变，孙坚由于胆大、心细又不怕死，所以被抽调去剿匪。

孙坚立下不少战功，受到扬州刺史臧旻的赏识，臧旻上报朝廷，孙坚被提拔为盐渎县（今江苏省射阳县）县丞，相当于副县长。

（四）仕途徘徊

年轻有为，胆识超群，战功赫赫，又有本州刺史的赏识，按说"孙副县长"前途光明。

但此后他却仕途不顺，干了十年，一直原地踏步，还是县丞。

先是盐渎县，后来到盱眙县，最后来了下邳县。

官没有当大，离家乡却越来越远。

不是"孙副县长"没有能力，更不是群众基础不好，史书上说他"所在有称，吏民亲附"，也就是在这三个县他都干得不错，很敬业也很亲民，大家都很拥护他。

汉末官场渐行门阀，仕路被世家大族所垄断，寒门子弟晋阶困难。

【小贴士】门阀，门第和阀阅的合称，指世代为官的名门望族，又称门第、衣冠、世族、士族、势族、世家、巨室等。一部分地主富室与儒术礼法结合起来，"经明行修"，他们累世做官，从而形成世袭为官的门阀，到东汉中叶开始更加普遍。

在当时的社会里孙坚只配做个小角色，尽管他不甘寂寞，渴望振兴家族，也希望儿子们将来大富大贵，但这些几乎是不可能的。

就在孙坚在基层苦熬的时候，朝廷里已乱成一团，汉灵帝中平元年（184年）爆发了黄巾大起义，汉灵帝不得不紧急组织人马进行镇压。

豫州刺史部的颍川郡是黄巾军比较活跃的地区之一，朝廷命令车骑将军皇甫嵩、中郎将朱儁等前往讨伐。

朱儁的老家是会稽郡上虞县（今浙江省绍兴市上虞区），跟孙坚也算是同乡。朱儁年轻时在家乡任过职，因为这个缘故听

说过孙坚的名字。

朱儁当时正在用人之时，就给在下邳县任县丞的孙坚写了封信，让他到军前来效力，这一年孙坚30岁。

对于别人来说，打仗是件危险的事，但对孙坚来说打仗几乎是他目前能建功立业的唯一途径。

经过10年的基层磨砺，孙坚已经看得很明白，如果一切按部就班下去，他也就是当个基层公务员的命了，所以他愿意去军前效力。

孙坚把妻子吴氏和几个孩子安置在寿春（今安徽省寿县），之后就去找朱儁。

孙权喜欢结交少年，不管走到哪里身边都有一帮气味相投的年轻人，他们中有需要帮助的，孙坚从来没有二话，把他们当成自己的子弟一样

看待。

听说孙坚要去投军,下邳县有不少人愿意跟随,孙坚又招募了一些人,前前后后跟着他走的有1 000多人。

愿意跟我走的 put your hands up！

朱儁很高兴,立即任命孙坚为佐军司马,按东汉军制,司马这一级武官手下大约有1 000人,可以看作是一名"团长"。

孙坚打仗很勇猛,所向无前,但也经常遇到危险。

有一次,孙坚带人深入敌后,在一个叫西华的地方被打了埋伏,交战失利,孙坚受伤堕马。

但孙坚很清醒,卧在草中不动,没被发现。

孙坚的伤还挺重,已经动不了,不过他的坐骑是一匹宝马,还营后又是用蹄子刨地又是乱叫,大家才随这匹马在草中找到了他。

孙坚在营中休养了十来天,还没等伤好利索就又带兵出战。在宛城(今河南省南阳市宛城区)之战中孙坚冲在最前面,第一个登上城头。

（五）升官拜爵

孙坚的军功越积越多，职务也不断上升，黄巾军的主力被剿灭后，荆州刺史部长沙郡发生民变，朝廷看中孙坚能打又不惜命，就派他任长沙郡太守前去平叛，这一年孙坚才32岁。

孙坚到了长沙郡，立即挑选称职的属吏，让他们加强治理。

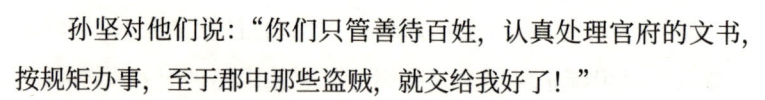

孙坚对他们说："你们只管善待百姓，认真处理官府的文书，按规矩办事，至于郡中那些盗贼，就交给我好了！"

这事儿就包我身上了！

孙坚在打仗方面很有一套，他率领手下主动出击，仅用了一个月就把这场民变镇压了。

这时附近的零郡、桂郡又发生了民变，孙坚"越境寻讨"，又将其镇压，"三郡肃然"。

朝廷根据孙坚前后所立的功劳，封他为乌程侯。

这件事很不得了，乌程是个县，也在孙坚的家乡吴郡，孙坚不仅得到了多少人梦寐以求的侯爵，而且还是侯爵里最高一级的县侯。

【小贴士】县侯，东汉没有异姓王，侯爵是普通大臣能得到的最高一级爵位。东汉的侯爵分三种：亭侯、乡侯、县侯。主要区分是封地的范围，如果封地限于一亭，就是亭侯，以此类推。县侯，就是封地范围是一个县，这是侯爵里最高的一级。

消息传回孙坚的家乡富春，震动了乡里。

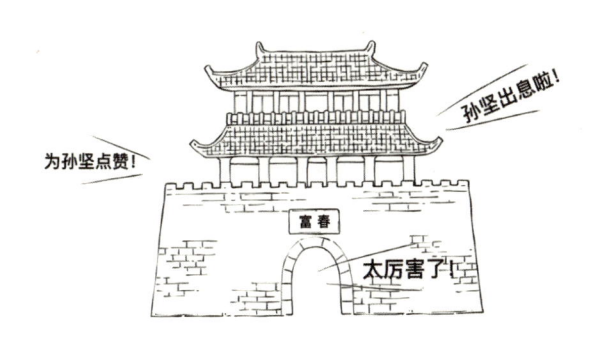

（六）突遭变故

东汉政局后来又发生了巨变，先是董卓把持了朝政，紧接着袁绍、袁术、曹操等所谓"十八路诸侯"结成关东联军讨伐董卓。

身为长沙郡太守的孙坚本不在关东联军之内，但他的"革命热情"一向很高，听说关东联军已经行动了，他马上率部由长沙郡北上。

孙坚最后来到了南阳，袁术在这里指挥关东联军的一部，孙坚经过考虑，觉得自己声望太低，于是主动投身于袁术，参加讨伐董卓的行动。

汉献帝初平三年（192年）冬天，孙坚奉袁术之命率所部攻打荆州的刘表，一直打到了刘表的大本营襄阳（今湖北省襄阳市）外围。

刘表手下最能打的将领是黄祖，刘表派他在襄阳以北的邓县、樊城一带迎击孙坚，黄祖不是孙坚的对手，被打得大败。

孙坚率军渡过了汉水，把襄阳城包围起来。襄阳城两面环汉水，背靠群山，易守难攻，刘表闭门不战，想跟孙坚打消耗战，同时派黄祖乘夜出城调集军队不断偷袭孙坚。

汉献帝初平四年（193年)，黄祖又被孙坚打败，逃往襄阳西郊的岘山里。

孙坚追击，想把黄祖一举拿下。

哪知这里有埋伏，《三国志》说孙坚追到一片竹林中，提前等在这里的黄祖手下发射暗箭，孙坚中箭，当场身亡。

另一部史书则说，孙坚追击的人不是黄祖而是刘表手下另外一个名叫吕公的将领，孙坚追击吕公，进入山中，吕公命人用石头攻击孙坚，孙坚头部被石块击中，当场脑浆迸裂。

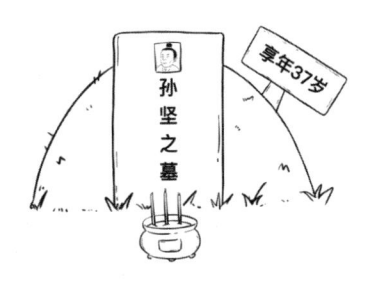

总之孙坚死在了岘山，时年37岁。

（七）称霸江东

孙坚死的时候孙策只有 17 岁，他下面还有三个弟弟，分别是 10 岁的孙权、8 岁的孙翊以及刚出生没多久的孙匡。

史书上说孙策虽然年纪不大，性格却很豪爽，喜欢结交朋友，当时在社会上已经有了一定的名气。

孙策一开始仍依附于袁术，后来发现袁术心胸狭窄，难成大器，决心彻底离开袁术。

孙策找到袁术，对他说："我们孙家在江东一带还有一定号召力，我愿意到江南去，协助舅舅吴景平定江南各郡，到时候至少可以为您募得三万甲士，助您完成匡扶汉室的大业。"

袁术很高兴，准许孙策渡江。

汉献帝兴平二年（195 年）初，孙策渡过长江，开始了在江东的拓疆之旅。

【小贴士】江东，长江是条自西向东流向的大河，但流到安徽境内时有一段向东北方向斜流，古人习惯以此段长江为标准确定东西和左右，把今天安徽省芜湖以下的长江下游南岸地区，即苏南、浙江北部、皖南部分地区以及今江西的赣东北称作江东。古人以东为左，以西为右，故江东又被称为江左，江西则称为江右。

江东当时处于群龙无首的状态，孙策用了大约四年时间，将各地的实力派一一扫平。

江东主要有四个郡：丹阳郡太守是孙策的舅舅吴景，吴郡太守是孙策的部将朱治，豫章郡太守是孙策的堂兄孙贲，会稽郡太守由孙策自己兼任，四郡尽归孙策所有。

曹操不断接到报告，说孙策又打了胜仗，地盘也在不断扩张。

听得多了，曹操终于忍不住说了一句话："难以与这小子再争锋了啊！"

曹操当时的主要对手是袁绍，所以对孙策只能拉拢，通过和亲、任命官职、封爵等手段先把孙策拉到自己这一边。

孙策表面上也乐于接受，双方的关系看起来还不错。

（八）再遭变故

汉献帝建安五年（200年）初，袁绍和曹操在中原地区已形成了决战态势，孙策认为这是一次难得的机会，想趁曹军主力北上对抗袁绍之机对许县发动突然袭击，把天子抢到自己的手中。

这一年春天，孙策亲自率军来到丹徒，准备向曹操的属下陈登发起进攻，以扫清眼前的障碍，之后再向北进兵。

孙策已经到了，但军粮还没有运齐，需要再等几天。这几天，孙策没事干，

有点儿闷得慌,他喜欢打猎,便想利用这难得的几天空闲时间去打猎。

孙策只带了几个随从去山中打猎,他们发现了一只鹿,孙策领人去追,他骑的是好马,手下人的马追不上。

孙策一个人在前面跑,正在这时,突然从林中冒出来三个人。敌方间谍时常在这一带活动。

来者何人!

孙策十分警觉,厉声喝道:"你们是什么人?"

这几个人回答:"我们是韩当将军的士兵,在此射鹿。"

孙策看了看,不认识,"韩将军手下的人我都认识,从没有见过你们!"

孙策意识到有危险,取弓便射,其中一个人应弦而倒。剩下两个人害怕了,举弓与孙策对射,结果有一箭射中了孙策的面颊。

孙策手下的人随后赶到，把这两个人都杀了。

事后得知，这几个人是前吴郡太守许贡的旧部，等在这里就是为了刺杀孙策。

【小贴士】许贡，曾担任过吴郡太守，一度依附于朝廷任命的扬州刺史刘繇。孙策消灭了刘繇，许贡内心不满，多次向朝廷秘密上报，反映孙策的恶行，建议朝廷征孙策入京，借以削弱孙氏的势力。许贡的上书被孙策截获，孙策下令把许贡处死。

众人将孙策护送回营帐，请随行军医来看，发现伤势很重。

孙策自知难过这一劫，于是忍住伤痛，把弟弟孙权以及随行的张昭、程普等人找来，指着孙权对众人说："现在天下大乱，我们以吴越之众、三江之固，足以成就大业，希望诸位能善待我的弟弟！"

请诸位善待我弟！

孙策让人取来自己的印绶亲手交给孙权，对弟弟说："带领江东的人马，在敌我对垒的两阵之间寻找胜利的机会，与天下英

雄争胜负,你不如我;任用贤能,使他们各自尽心,以保江东,我不如你。"

汉献帝建安五年(200年)四月里的一天孙策死了,年仅26岁。

孙权称帝后,追封孙策为长沙桓王。

(九)家族内部纷争

孙权接班的时候,除了外有强敌,江东内部也并不稳定。

孙权只不过18岁,孙氏家族中比孙策、孙权高一辈的还有孙静、孙香,同辈的有孙河、孙贲、孙辅等人,他们有的支持孙权,有的则另有打算。

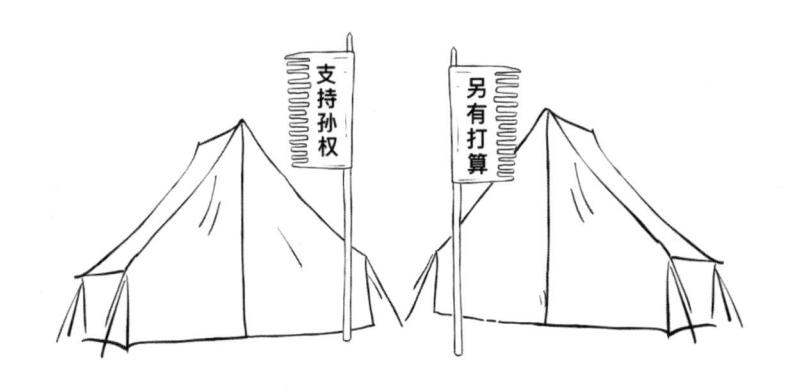

扬武校尉兼庐陵郡太守孙辅就不服孙权,大概他的年龄更长、军功更多,所以不太听从孙权的指挥。

孙辅偷偷地给曹操写了封信，请曹操派人来，但这封信落到了孙权的手中。

当时孙权正在别处征战，孙辅派去给曹操送信的人反水，把信交给了孙权。

孙权回来后立即做出布置，但对外仍佯装不知。

孙权把孙辅叫来，跟张昭一块与孙辅谈话，他们先谈了一些其他话题，孙权突然发问："兄弟间闹点不愉快，干吗要呼外人来？"

孙辅知道事情败露，无言以对。

孙权没有处死孙辅，但把他身边的幕僚亲信全部杀了，把孙辅所部重新整编，分散到其他队伍中，之后将孙辅软禁了起来。

孙权刚接班时类似的内外部挑战不少，不过都被他依靠智谋和霹雳的手段一一化解了，显示出与他年龄不相符的沉着和老练。

拥有着与年龄不符的成熟

经过这几次危机,孙权的威望迅速提升,孙吴内部已经没有人敢再向他发起挑战了。

(十)武昌称帝

在群雄混战中,孙权带领江东集团稳扎稳打,势力不断壮大,成为与曹魏、蜀汉鼎足而立的另一股力量。

曹丕、刘备先后称帝,但孙权并不着急。

孙吴黄龙元年(229年)四月,有人报告在夏口、武昌等地见到了黄龙、凤凰等,这些祥瑞的出现,通常预示着新纪元的开始。

与此同时,当年在吴县流传的一首童谣也在社会上重新流行

起来,童谣唱道:"黄金车,班兰耳,闾昌门,出天子。"

> 【小贴士】昌门,吴县的西城门,为战国时吴王夫差所筑。这首童谣流行于汉献帝兴平年间,那时正是孙策开拓江东的时候,现在这首童谣重新流传,意思是"车上黄金放光,挡泥板颜色闪亮,打开西边昌门,出来一位皇上",说明孙权称帝的民意基础已经具备了。

这时曹魏和蜀汉分别立国9年、8年,都经历了两代皇帝,孙权也应该称帝了。

于是,就在这个月孙权在武昌城南郊称帝,历史上称为吴大帝,孙权改年号为黄龙,大赦天下。

孙权下诏追尊父亲孙坚为武烈皇帝,母亲吴氏为武烈皇后,哥哥孙策为长沙桓王,同时下诏立长子孙登为皇太子。

为了纪念黄龙现身,孙权命人制作了一面黄龙大旗,立于中军帐,作为指挥各军的旗帜,命胡综作《黄龙大牙赋》昭示天下。

（十一）英雄谢幕

孙权在位 30 年，是三国时期在位时间较长的皇帝。

孙吴太元元年（251年）八月，江东多地突遭大风袭击，江海涌溢，有的地方平地水深数尺。

从曲阿（今江苏省丹阳市）传来消息，孙权父亲孙坚的高陵松柏全被大风吹倒，吴郡郡治所在地南城门居然被大风吹起，又落到地上。

孙权下诏大赦天下，到这一年的冬天，孙权从南郊祭祀回来后受了风寒，彻底病倒了，孙权意识到大限将至，不得不认真考虑身后的事。

新太子、孙权最小的儿子孙亮年幼,只能仿曹魏和蜀汉来一次托孤了。

孙权跟大家商议可向谁托付后事,朝中文武一致认为非诸葛瑾的儿子诸葛恪莫属。

病床前孙权向诸葛恪托孤,在场的还有中书令孙弘、太常卿滕胤、将军吕据、侍中孙峻等人,孙权对诸葛恪等人说:"我病得不轻,恐怕不能跟你们再相见了,国事就托付给你们了。"

孙吴神凤元年(252年)四月孙权驾崩,时年71岁。

(十二)皇位迭荡

孙权死后,年仅10岁的小儿子孙亮继位,6年后被权臣孙綝所废。

继位的是孙权的另一个儿子孙休,在位6年,病死了。

这时蜀汉刚刚亡国,一个"扶不上墙"的刘禅给孙吴的大臣们敲响了警钟,选好接班人成为朝野上下的共识。

孙休的儿子都很小,孙氏家族里再也没有更合适的人,大家便推举当时已经23岁的孙皓即位。

孙皓是孙权的孙子,父亲名叫孙和,是孙权的第三个儿子。孙和卷入孙吴内部争夺皇位的斗争中,因为失败而被废掉了太子的名号,最后竟然被赐死了。

作为被废前太子的儿子,孙皓本没有机会当皇帝。

意见呈报到孙休的皇后朱氏那里,朱氏没什么主见,她说:"我是一个妇道人家,哪知道什么江山社稷的大事?只要对吴国没有坏处就行了。"

朱氏的这个意见很关键,孙皓就这样凭空捡来一个皇帝的宝座。

(十三)残忍的暴君

孙皓初登皇位时也想励精图治,干一番事业,但他很快发现自己不是那块料。

孙皓既没有领导才干,又没有实践经验,在朝野上下也没有足够的威望,为了树立威望,他采取了极端的方法,"顺我者昌、逆我者亡",动不动就大开杀戒。

说起杀人,孙皓恐怕是三国时代在位君王里最残暴的一个。

有一个郡,有一年遭遇了旱灾,百姓无力交纳赋税,郡太守不敢说不征收,只是上疏请求延期。

孙皓大怒，认为这个郡太守要"树私恩"，也就是拿朝廷的利益换取个人的好名声，于是派人将他斩杀。

孙皓身边有一个大臣看到他不断残杀无辜，婉转地劝谏了一次，孙皓怒火中烧，把这大臣残杀，这个人死时已体无完肤。

还有一次，孙皓看到有两个大臣交头接耳说什么事，他认为这两个人是在私下议论自己，于是下令将他们流放到交州，这还没完，他又密令交州的地方官员将他们处死。

这两个大臣中有一个被处死了，另一个却没有，原因是他得了中风，丧失了语言功能，孙皓怀疑这个人是装哑巴，派人毒打，最后还是把他杀了。

当初提议让孙皓当皇帝的两位大臣看到孙皓这副模样，感到十分后悔，觉得对不起孙吴百姓，他们私下里狠劲扇自己耳光：真是瞎了眼，当初怎么就看上这么一个人，让他当皇帝！

不料这件事被人密报给了孙皓，孙皓大怒，立即派人把这两位大臣杀了，还不解气，又命人把他们的尸体扔到河里喂鱼，他们的家属也全部被杀掉。

孙皓不仅杀人上瘾，而且手段极其残忍。孙皓有位爱妾，她身边的近侍有一次到集市上抢东西，被司市中郎将陈声看到，司市中郎将是专门维护市场秩序的官员，陈声于是下令把这个人杀了。

孙皓得知后不仅不支持陈声，反而命人把陈声抓了起来。

孙皓认为陈声"打狗不看主人"，是故意给自己难堪，就令人给陈声上酷刑，最后用烧红的铁锯把陈声的头割下来，派人把尸体扔到山下。

孙皓每次在宫里杀了人，就命人把尸体扔到水沟里冲走，或者下令把人剥去面皮、挖掉眼睛，简直到了丧心病狂的程度。

（十四）政权终结

孙皓在位16年，时间不算短，把孙吴的百姓们实在折腾坏了。孙吴的国力本来就不如曹魏，经过孙皓的折腾，双方的差距越来越大了。

曹魏GDP增速　　　　孙吴GDP增速

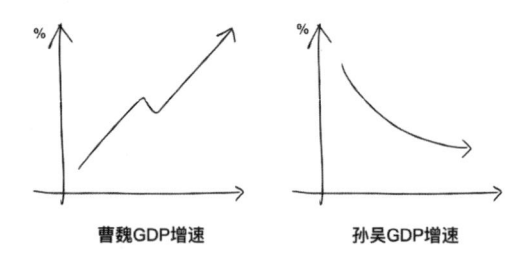

孙吴天纪三年（279年）冬天，晋朝六路大军进攻江东，孙吴各地的守军节节败退，很多地方不战而降。

孙吴天纪四年（280年）3月，晋朝大将王濬率舟船抵达孙吴的都城建业（今江苏省南京市），孙皓无力反抗，让人绑上自己的双手，又抬上一口棺材到晋军营门前投降。

王濬接受了孙皓的投降，派人把孙皓一家送到晋朝的都城洛阳（今河南省洛阳市），由孙权一手创建的孙吴政权就此灭亡了。

孙皓到洛阳后被赐号为归命侯，其后的命运跟另一位"难兄难弟"——蜀汉后主刘禅差不多，都过着寄人篱下的生活。

有一次，晋武帝司马炎与大臣王济下棋，让孙皓在一旁观战，王济故意问孙皓："听说你在吴国时干过剥人脸、砍人足的事，有这回事吗？"

孙皓听了不知如何回答，只得支支吾吾把话题岔开。

还有一次，司马炎在宴会上问孙皓熟悉不熟悉江南一带的流行小曲《尔汝歌》，孙皓立即举起酒杯，献上了自己即席作的一首《尔汝歌》："昔与汝为邻，今与汝为臣，上汝一杯酒，令汝寿万春！"完全是一副谄媚之态。

晋武帝太康五年（284 年）孙皓死在洛阳，时年 42 岁，距离投降只不过 4 年，想必在洛阳的那些日子里心情并不怎么好吧！

四、孙家的女人们

（一）孙坚的吴夫人

孙坚有一位好妻子，姓吴，跟孙坚一样，都是吴郡人。吴夫人很小的时候父母都去世了，她和弟弟吴景在一起生活。

吴夫人长得很漂亮，而且是个才女，孙坚那时候还是家乡的一名基层办事员，听说后一定要娶到手，却遭到了吴氏家族的一致反对。

吴家人反对的理由是孙坚不够稳重，这当然是表面理由，真实的情况可能是门第有差，吴夫人虽然父母都不在了，但家族可能有一定势力，亲戚们不想把姑娘嫁入寒门。

但孙坚很固执，认定的事就一定要办成，看吴家人不答应这门婚事，就放出了狠话。

吴夫人知道后，就对亲戚说："不要因为怜惜一个女儿而招来祸患，如果嫁过去不幸福，也是我的命！"

就这样，孙坚娶到了才貌双全的吴夫人，孙坚当上县丞后，吴夫人为他生下了一个可爱的儿子。

据《搜神记》记载，吴夫人怀这个孩子期间，有一天做了个梦，梦见月亮坠入她的怀中，她不解其意，也没有告诉任何人。不过，这个孩子生下来就很出众，是一个漂亮英俊的男孩。

孙坚后来又到别的地方当县丞，吴夫人又怀孕了，这一次，她又做了个梦，梦见太阳坠入怀中，她赶紧告诉了丈夫。

孙坚想了想，说："日月是阴阳的精华，是大富大贵的预兆，这难道预示着我们子孙兴旺发达吗？"

等这个孩子生下来，吴夫人却有点失望，与长子相比，二儿子长得很难说英俊，据《江表传》记载，这个孩子长着一个大方脸，嘴特别大，眼睛很有神。

孙坚请相面的人来看了看，之后他对于二儿子的长相也很满意。

孙坚给这个儿子取名孙权，之前，他给大儿子取名孙策。

（二）孙权的徐夫人

孙权的父亲孙坚有个好朋友，名叫徐真，孙坚把妹妹嫁给了他。

徐真的儿子名叫徐琨，他有个女儿，嫁给了陆尚。

陆尚后来死了，孙权看上了徐琨的这个女儿，非要娶她。

（这有点儿乱：孙坚的妹妹、徐真的妻子是孙权的姑妈，孙权要娶姑妈的孙女，中间差了辈。）

徐氏是孙权的侄女，但孙权不管，非娶不可。

徐氏嫁给孙权后，为人很贤惠，得到上上下下认可，大臣们多次劝孙权立她为皇后。

（三）大虎与小虎

孙权有两个女儿，分别叫孙鲁班和孙鲁育，小名分别叫大虎和小虎。

她们的母亲是步夫人，也就是孙权的著名宠妃步练师。步夫人为人低调，深得众人爱戴。

但大虎和小虎却不一样，她们不仅恃宠而骄，而且权力欲望很重。

在孙权晚年掀起的太子之争中大虎和小虎分属不同阵营，斗得不可开交。

二人两败俱伤，她们支持的人都没能当上太子。

孙权死后，孙鲁班诬陷孙鲁育谋反，孙鲁育被杀。

孙鲁班后来搅进一桩谋反案中，事情败露，被流放。

（四）孙翊的妻子徐氏

孙翊是孙权的弟弟，孙权曾让他担任丹阳郡太守一职，这一年孙翊才20岁。

孙翊刚到任时,丹阳郡所辖各县的县令、县长都来宛陵拜见孙翊,孙翊准备宴请大家一次,然后让他们回去。

孙翊的妻子徐氏精于卜卦,她算了一卦,认为不太吉利,劝孙翊另选时间宴请大家。

孙翊觉得各县的主官出来时间不短了,不想再让大家等,仍决定如期举行宴会。

孙翊打仗勇猛,但警惕性却不高,宴会上喝多了,平时他刀不离身,但一喝多就把刀扔在一边,宴会结束后空着手送大家。

边鸿一看时机来了,从身后将孙翊砍倒,孙翊没有立即被砍死,但他一倒下,场面大乱,没有人来救他,边鸿上去补了几下,孙权的三弟孙翊就这样当场丧命。

边鸿杀死孙翊,逃入山中。

徐氏忍住悲痛,派人追捕边鸿,于次日夜里将边鸿缉获。

这时妫览、戴员出面了,他们把罪责都推给边鸿,把边鸿杀了,来了个杀人灭口。

之后,妫览、戴员趁机作乱,妫览住进孙翊的府中,把孙翊的嫔妾侍从都占为己有，并试图霸占徐氏。

徐氏很有头脑，她没有作无谓的反抗，而是假意答应，骗妫览说："请等到月末时，摆好贡品祭奠孙翊的亡灵，之后我脱下丧服再答应你。"

妫览信以为真，不再逼迫。徐氏悄悄派心腹去联络孙翊的部将孙高、傅婴等人，请他们搭救。

孙高、傅婴哭着说："我们都受过孙翊将军的厚恩，当时之所以没有拼上一死，是因为死而无益。我们也正在想办法，只是办法还没想出来，故而没有禀告夫人。夫人所托之事，正是我们想做的！"

孙高、傅婴找来效忠于孙翊的20多个人，一同盟誓。到月末时，设立祭坛，徐氏痛哭祭奠，之后除去丧服，薰香沐浴，样子看不出伤悲，解除了妫览的怀疑。私下里却唤来孙高、傅婴等人藏在房中。

徐氏请妫览，妫览高兴地前来，徐氏呼道："二位将军可以出来了！"

孙高、傅婴等人立即现身，杀死妫览，之后又找到

戴员，将他杀死。

徐氏重新换上丧服，带着妫览、戴员的人头到孙翊墓前祭奠。

这时，孙权亲自赶到了丹阳郡，把妫览、戴员的余党全部族诛，提拔孙高、傅婴为牙门将，对其他有功人员也都给予奖赏。

刘氏家族史

一、家族简介

三国时期缔造了蜀汉政权的刘氏家族，虽是"汉室宗亲"，但到汉末时已经彻底衰落了，刘备的出现使这个家族得以重振。刘备出身寒微，但志向高远，加上善于结交、不惧失败，所以在汉末群雄逐鹿中逐渐崛起，最终创建了帝业，成为鼎足三分的势力集团之一。

从家族力量上说，刘备家族弱于曹操、孙权的家族，刘备没有兄弟姐妹，也几乎没有其他关系较近的亲属，这使他缺少外力强援，但刘备与关羽、张飞、诸葛亮感情深厚，这些人自始至终追随他，结下很深的情谊。情是刘备集团的内在精神纽带，也是超越血缘关系的支柱。

刘备死后，儿子刘禅继位，在激烈的三国竞争中蜀汉处于相对弱势的地位，虽然有诸葛亮、姜维等人的尽力辅佐，但蜀汉仍成为三国之中第一个灭亡的政权。不过，蜀汉尽管只历经先主刘备、后主刘禅两代，但作为汉末三国时代"草根逆袭"的代表，他们已经创造了奇迹。

二、人物关系图

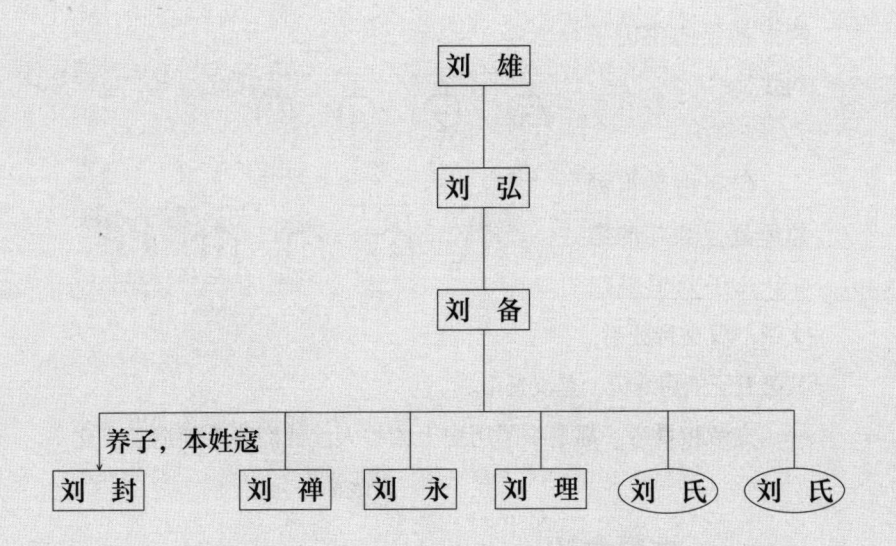

```
           ┌─────┐
           │刘 雄│
           └──┬──┘
           ┌─────┐
           │刘 弘│
           └──┬──┘
           ┌─────┐
           │刘 备│
           └──┬──┘
  ┌─────┬────┼────┬─────┬─────┐
养子，本姓寇
┌───┐ ┌───┐ ┌───┐ ┌───┐ ╱刘氏╲ ╱刘氏╲
│刘封│ │刘禅│ │刘永│ │刘理│ ╲───╱ ╲───╱
└───┘ └───┘ └───┘ └───┘
```

三、发迹和衰亡史

（一）汉室宗亲

追溯刘备家的族谱，可以上推到西汉初年的中山王刘胜。

汉朝由高祖刘邦所建，刘邦的第4个儿子刘恒是汉文帝，汉文帝死后，其第五子刘启继位，是汉景帝。

文帝和景帝，都是中国历史上的牛人，他们联手创造了"文景之治"。

汉景帝死后，接班的是他的儿子刘彻，更牛了，他就是汉武大帝。

刘备的先祖刘胜是汉武帝的异母兄，被封为中山王。

刘胜的封地中山国相当于一个郡，属冀州刺史部。

刘胜的日子本过得很自在，但弟弟刘彻继位后，情况发生了改变。刘彻推行中央集权，不容各封国分治坐大，颁行推恩令削其势。

【小贴士】推恩令，汉武帝为削弱各封国势力，下令将各封国分为若干小国，由诸侯王的子孙依次分享封土，地尽为止，封土广大而子孙少的则"虚建国号"，也就是只保留一个名义。

汉武帝强制推行推恩令，各诸侯王不服，但也无奈，只得照行。

这项政策到了中山王刘胜这里却遇上了麻烦，不是他不肯分国，而是无法操作。

（二）一项惊人纪录

什么原因呢？刘胜的儿子太多，分不过来。

刘胜一生无政绩也乏军功，但他在历史上的名气却很大，缘于两件事。

一件事，是他的墓被后人打开了，在里面发现了文物6 000多件套，足可以建起一座馆藏丰富的博物馆。其中最著名的是金缕玉衣，由近2500枚玉片用金丝穿缀而成，精美绝伦，震惊世界。

另一件事，是他的儿子很多，史书记载有120多人，创造了一项纪录。

中山国再大也无法分成 120 多个小国，最后有的人被封了国，有的人没有封上。

据记载，刘胜 120 多个儿子中只有 5 个被封为侯国。

刘备的先祖倒还算幸运，是这 5 个人里的一个，他的名字叫刘贞，被封为陆城亭侯，据清代学者潘眉考证，陆城就是中山国所辖的陆成县。

但刘贞在陆城亭侯的位子上并没有待太久，因酎金事件被夺去了侯爵。

【小贴士】酎金，根据汉朝制度，每年正月初一酿酒，八月酿成，称为酎酒，皇帝每年八月用新酿的酎酒祭祀宗庙，各宗室诸侯按规定出贡金以资祭祀，称为酎金。

因酎金事件被治罪，指的是不按时或按数量呈送贡金，但这个可能性较小，因为大家再差钱也不敢在这上面马虎。

真实情况是，汉武帝虽然颁行了推恩令，但还嫌不够，经常找理由夺去诸侯的爵位，不按时呈送酎金，立即夺位。

按时呈送的，还可以找别的理由，说所呈金子成色不足，如要求24K纯金，所呈为18K金，也下诏夺位。

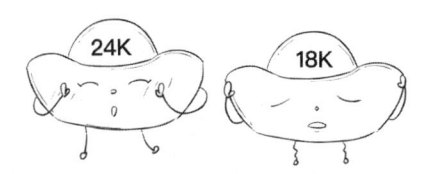

刘贞就这样被夺去侯爵，之后来到涿郡居住。

（三）成为普通人家

以上回顾可看出，刘备的先祖自刘贞起就不再显赫，那还是在西汉，到刘备那个年代已是200多年前的事。

刘备出生时已是东汉，天子虽然也姓刘，但前朝的"刘"分量自然不足，刘备一家与普通百姓没有两样。

东汉末年这样的人很多，虽然姓刘，但却享受不到任何特权福利，有的人日子过得还不如一般人。

当然，他们中间也有出类拔萃者或有较高知名度者，如刘表、刘焉、刘虞、刘馥、刘繇、刘岱等人，刘备是其中最出色的一个。

刘备的爷爷名叫刘雄，还算是个有能力的人，曾在外地当过县令。

刘备的父亲叫刘弘，刘雄活着的时候家境还好，但到了刘弘一代，家境就衰落了。

而且，在刘备很小的时候父亲刘弘就生病去世了。

> 我要爹爹！

刘弘只有刘备这一个儿子，刘备和母亲一起生活，日子过得相当拮据，母子俩靠"贩履织席为业"，也就是做小生意贩卖鞋子或者织席子挣点钱。

汉代普遍瞧不起商人，有的商人家资巨亿一样社会地位不高，像刘备母子这样的小商贩、小手工业者在当时地位更是低下。

> 鄙视小商贩！

刘氏知名度较高者名单

刘备

刘表、刘焉、刘虞、刘馥、刘繇、刘岱

所以，从家世上说刘备没有任何显赫之处，甚至不如平常人家。

（四）"刘皇叔"只是传说

说刘备是"刘皇叔"，史书里从没有这个提法，这个说法最早来自《三国演义》。

《三国演义》说，刘备后来到了许县，见到汉献帝，把自己家世一说，大家都是一个大家族的，汉献帝马上跟刘备叙了叙家谱。

双方共同的谱系可以从汉景帝开始算起，《三国演义》的这一段写得很细，可能是为了增加可信度，几乎把每一代人的名字都提了一下。

最后发现，刘备比汉献帝长了一辈，《三国演义》说汉献帝"大喜，请入偏殿叙叔侄之礼"。

其实这是小说虚构的，真实的情况是，如果从汉景帝开始往下数，汉献帝刘协是他的第14世孙，而刘备是汉景帝的第19世孙。

也就是说，刘备比汉献帝低了5辈。

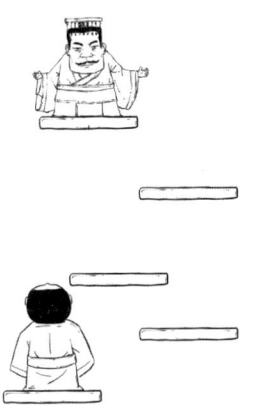

所以，任何一部严肃史书都不敢说刘备是"皇叔"，这只是小说为强化戏剧冲突而设置的情节。

（五）故乡的大桑树

刘备的老家在汉末幽州刺史部涿郡涿县（今河北省涿州市）楼桑村，村南头长了棵大桑树，有5丈多高，远远望去枝繁叶茂像一柄车盖。

楼桑村的村名，就是这样得来的。

有个叫李定的人善于看风水，专门跑来看了看，发现这棵树不仅高大，而且样子奇特，李定惊叹道："树下面的这户人家将来一定有贵人出现！"

有志者，事竟成！

树下的正是刘备一家。

刘备家境虽然贫寒，但从小志向却很高。

刘备跟小朋友们在树下玩耍时，曾经指着那棵桑树说："我将来一定会坐上用鸟羽装饰着车盖的车子，车盖就和这棵桑树一样大！"

不许胡说！

刘备的话传出来让长辈们大吃一惊,因为那种装饰着鸟羽的葆盖车是天子专用的仪仗车。

刘备的叔叔听到后赶紧警告他:"你再不许乱说,你是要让咱们满门抄斩吗?"

(六)一位伟大的母亲

刘备家的日子过得很紧,主要收入来自母亲贩履织席。

刘备的母亲很不容易,一个人拉扯刘备过日子历尽了艰辛,但是她很伟大,她不想刘备将来只是一个小商贩,所以坚持让刘备读书。

在刘备15岁时,母亲做出了一个惊人的决定,送他到本地著名学者卢植开办的私学里读书。

再苦不能苦孩子!
再穷不能穷教育!

卢植是大学者马融的学生,跟汉末最著名的学者郑玄是同学,还在朝廷里做过高官,他办的私学远近知名。

刘备来到了卢植老师这里求学,但他"不甚乐读书",而是"喜狗马、音乐、美衣服"。

史书上说，成年后的刘备个子长到了"七尺五寸"，约合现在的 1.76 米。

刘备平时话不太多，喜怒不形于色，非常懂得尊重人，喜欢结交各类豪侠，平时身边总跟着一些追随者。

刘备的影响力已经超出了卢老师的私学，远播到社会上。

冀州刺史部中山国有两个大商人，一个叫张世平，一个叫苏双，他们常来涿郡一带贩马，非常有钱，听说刘备的名声，主动前来相见，相见后觉得刘备不简单，主动拿出不少钱资助他。

公孙瓒那时也在卢植这里求学，他比刘备年长，刘备对公孙瓒很尊重，把他当成兄长来看待。

刘备大约是在汉灵帝熹平四年（175年）前后跟随卢植学习，到汉灵帝熹平六年（177年），南方的庐江郡发生叛乱，朝廷任命卢植为庐江郡太守，让他前去平叛，于是刘备、公孙瓒等人结束了这段学习。

（七）"桃园三结义"的传说

刘备回到家里，没有什么具体事干，既不能像曹操那样有条件去洛阳太学继续深造，也不能像同学公孙瓒那样有门路能在本地官府中谋取一官半职。

当时宦官专政，政治一片黑暗，刘备这样的人没有太多的发展机会。

在刘备的履历中这段日子并不短,大概有五六年,史书对他这一段经历只记载了三个字:"合徒众。"

> 【小贴士】合徒众,也就是聚集了一帮人,非官非商,整天在一起,既不打家劫舍,也不效命官府,能挣钱的时候就挣点儿,没事的时候就喝酒,反正就那么混着,说得好听点儿叫自由职业者,说得难听点儿就叫混混。

在天下承平时代,刘备等人有可能成为社会不安定因素,但在乱世里他们就可能成为强人。

他们不差体力,也不差胆量,只差机会。

在这帮人里刘备和两个人最情投意合:一个是关羽,一个是张飞,他们跟刘备一样,都生活在社会底层。

在讲出身、讲门第的汉末时代,他们没有太多的晋升机会,而原有的社会秩序正一点点被打破,他们可能已经预感到机会的

来临,所以主动走在一起,等待机会的到来。

至于说到"桃园三结义",这个情节在史书里没有记载,最早出现于元朝《全相平话三国志》,虽然也叫《三国志》,但它是说书艺人的讲话底本,是《三国演义》的源头。

"结义"这个情节虽然是民间艺人创造的,但从史书的记载来看,刘备和关羽、张飞的关系的确相当密切。

他们很投脾气,《三国志》说他们"恩若兄弟",平时他们三人寸步不离,"寝则同床,恩若兄弟"。

千年修得共枕眠

还有一本叫《华阳国志》的书,说刘备让关羽、张飞做他的"御侮",类似于警卫员或保镖。

关羽、张飞和刘备私下里是兄弟,不分彼此,但在公开场合

二人就以警卫员或保镖的身份跟随左右。

刘备坐着,他们就站着,十分恭敬,有时一站就是一天。

(八)以情感人

刘备一生都保持了善于与人打交道、善于与人结交的特点。

除了与关羽、张飞"恩若兄弟",与诸葛亮"如鱼得水",还吸引和团结了一大批人追随他。

史书上说刘备:"士之下者,必与同席而坐,同簋而食,无所简择,众多归焉。"有人来见刘备,无论什么人,哪怕地位不高、名气不大,刘备都和他们坐在一张席子上。

"同簋而食"的"簋"就是北京簋街的那个"簋"字,古人用来盛放煮熟的饭食,有人戏称这是中国最早的火锅,说火锅有点儿勉强,因为吃的时候不能同时在下面加热,但说它是吃类似于"麻辣烫"这样的食物更合适。

即使是陌生的朋友,又是第一次上门,刘备也会邀请一起吃饭,用一个锅吃"麻辣烫",这说明刘备完全没有架子,对人从不

挑剔，所以众人都愿意归附他。

刘备一生轻财好士，喜欢结交各类朋友，能跟形形色色的人打成一片，这是他超人之处。

刘备在当平原国相的时候，有个叫刘平的人，不知道出于什么原因，一心谋害刘备，他买通了一名刺客，让他刺杀刘备。

刘备不知道，还跟这个刺客见了面，而且待刺客十分热情，刘备的真诚感动了这名刺客，他不仅没有刺杀刘备，而且把实情和盘托出，之后离去，刘备凭借真诚待人躲过了一劫。

发生在刘备身上还有许多这样的故事，陶谦"三让徐州"的故事，刘表临终前以荆州相托付的故事，还有"三顾茅庐"的故

事，长坂坡摔阿斗的故事，白帝城托孤的故事，这些故事有些与史实略有出入，但总体而言在历史上都有相关记载。

  它们集中起来折射在刘备身上，如果用一个字去表达的话，那就是"情"字，重情义、以情动人、以情感人，这是刘备最大的特点，是他最为人称道的地方，也是众多时代精英们甘愿一路追随他、与他一同奋斗的秘密。

（九）成就帝王基业

  汉献帝建安十九年（214年），刘备率军围困成都，刘璋投降，刘备自任益州牧。

汉献帝建安二十四年（219年），刘备率军进攻汉中，经过激烈的战斗，杀了曹操派在汉中留守的名将夏侯渊，将汉中占领。

之后，曹操亲自率兵前来，试图夺回汉中，在刘备的严密防守下无法得手，曹操撤回。

这一年刘备在汉中称王，册立儿子刘禅为王太子。

汉献帝建安二十五年（220年），曹丕以禅让的方式迫汉献帝退位，建立魏朝，消息传到益州，刘备的手下竭力劝他称帝。

章武元年（221年）四月，60岁的刘备在成都西北郊的武担山举行继位仪式，杀黑色公牛祭祀，宣读了祭天文诰，宣布承续汉祚，受皇帝玺绶，建年号章武，大赦天下。历史上将刘备所建立的这个政权称为蜀汉。

（十）白帝城托孤

刘备称帝后一心为关羽报仇，夺回荆州，当时蜀汉官员纷纷相劝，刘备一概不听。

刘备称帝仅数月即亲自率兵沿长江东下，这一仗即为夷陵之战，蜀军前期进展虽然顺利，但吴军在陆逊的指挥下随后发起了反击，蜀军被连破40多座营寨，蜀将张南、冯习及助战的胡王沙摩柯等战死，杜路、刘宁等被迫投降。

刘备仓皇逃出兵营，退入马鞍山（今湖北省宜昌市西南）。

章武三年（223年）四月，刘备在白帝城病重，托孤给诸葛亮。

刘备对诸葛亮说："君才十倍曹丕，必能安国，终定大事。若嗣子可辅，辅之；如其不才，君可自取。"

诸葛亮闻言涕泣不已，对刘备说："臣敢竭股肱之力，效忠贞之节，继之以死！"

> 臣敢竭股肱之力，效忠贞之节，继之以死！

一个要让皇位，体现出对臣下无比的信任；一个感动涕泣，誓死以报，这就是白帝城托孤的一段千古佳话。

刘备共有三个儿子，除了太子刘禅，还有鲁王刘永和梁王刘理，当时刘禅不在白帝城。

刘备向诸葛亮托孤后，在弥留之际还把鲁王刘永叫到床前，对他说："吾亡之后，汝兄弟父事丞相，令卿与丞相共事而已。"意思是，我死之后，你们兄弟要把丞相当作父亲一样看待，你们和丞相的关系只是共事而已。

诏令：汝与丞相从事，事之如父

口头交代完了刘备还不放心，又以书面的形式给太子刘禅颁布一道诏令，诏令中说："汝与丞相从事，事之如父。"让他今后要好好地和丞相诸葛亮一块共事，再次强调"共事"这个关系，要刘禅待诸葛亮像父亲一样。

刘备在留给儿子们的遗言、遗诏中一再强调他们以后跟诸葛亮的关系是共事、从事，这在帝王的遗嘱中是少见的。

刘备比诸葛亮大了整整20岁，相差至少一代人，但刘备把诸葛亮当平辈看待，因为十多年的相知相契已经让他们成为一对患难与共的朋友，刘备临终的话都是真诚的。

刘备之所以这么说，是基于他对儿子们的了解，知道靠他们的才能不足以延续蜀汉的基业，同时刘备更了解诸葛亮，深知他的才能和人品，说这样的话正是对诸葛亮的无限信任，而刘备离开之后的11年，诸葛亮也用行动证明了他没有辜负刘备所托。

（十一）后主刘禅

刘备病逝后的次月，即蜀汉章武三年（223年）五月，刘禅在成都继位，尊吴皇后为皇太后，册封太子妃张氏为皇后。

刘禅继位后，按照刘备的遗诏，由丞相诸葛亮辅政，"政事无巨细，咸决于亮"。

吴壹后 ~~太子妃~~
皇太后　　皇后

在北伐问题上刘禅与诸葛亮等人的观点不同，他曾劝诸葛亮不要急于北伐，但诸葛亮一旦决心北伐，他又给予了全力支持。

在位初期，刘禅也并非是一个只会享乐，甚至胡作非为的人。

车骑将军刘琰的妻子胡氏进宫向皇太后贺新年，太后留胡氏在宫中住了一个月。胡氏长得很漂亮，刘琰怀疑她在宫中这一个月与刘禅有私情，就让手下人拷打胡氏，胡氏向有关部门检举刘琰，审理下来并没有什么，刘琰只是胡乱猜疑而已。但这件事引起了刘禅的警惕，为杜绝风言风语，他下诏规定大臣的妻子、母亲以后不准再进宫朝贺。

诸葛亮在五丈原病逝后，魏延和杨仪发生严重矛盾，双方互相攻击，并同时向成都报告，各为自己辩护。

成都的大部分官员都站在杨仪一边，认为是魏延造反，说魏延率部回到汉中后，为阻断还在路上的杨仪等部的退路，放火烧了秦岭山中的栈道。

刘禅当即指出其中的问题，认为魏延是猛将，凭自身实力足以对抗杨仪等人，即使造反也不用烧毁栈道。

（十二）亡国之君

诸葛亮去世后，按照他生前的建议，刘禅先后令蒋琬、费祎、董允等人辅政，军事方面则由姜维负责，重要事务都由这几个人来决断。

蜀汉延熙九年（246年），辅政的侍中董允去世，蒋琬、费祎也都不在了，陈祗接替董允担任侍中。与之前的几位辅政大臣不同，陈祗缺乏足够的权威，刘禅开始亲政，被刘禅宠信的宦官黄皓等人在蜀汉政坛快速崛起。

黄皓善于阿谀献媚，很得刘禅的欢心，但董允在时，对黄皓能充分遏制，董允多次责备黄皓，让黄皓很惧怕，始终不敢为非作歹。一直到董允去世时，黄皓的职位不过是黄门丞。

陈祗接替董允后，不再排斥黄皓，还与黄皓打得火热，黄皓开始参与朝政。

蜀汉景耀元年（258年），陈祗因病死了，朝中更没有人制衡黄皓，黄皓开始掌权，他的职务先后升为黄门令、中常侍和奉车都尉。

蜀汉炎兴元年（263年），姜维听说钟会等在关中大力准备武备，估计将要兴兵攻打蜀汉，于是上书刘禅，请求调兵遣将以做准备。

刘禅征求黄皓的意见，黄皓一向崇信鬼神巫术，他让人占卜了一下，报告说敌人不会来，黄皓告诉刘禅没有事。

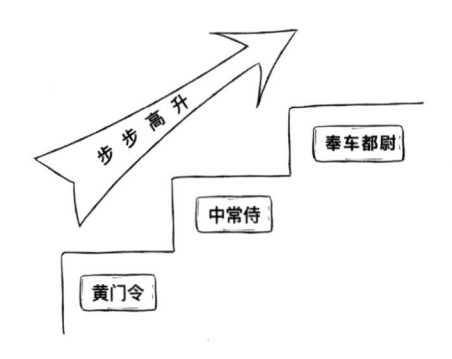

姜维的这份十分重要的报告，就被黄皓随意地给打发了，而朝中的大臣们对此并不知情。

这一年夏天，司马昭派遣钟会、邓艾等大军伐蜀，蜀汉没有准备，措手不及，之后邓艾率奇兵越过剑阁天险突袭江油关，直接到了成都平原，成都城内一片惊慌。

刘禅召集群臣商议，有人建议逃往孙吴，有人建议逃往南中，光禄大夫谯周等人建议投降曹魏，大家议来议去，最后大多数人赞成谯周的意见。

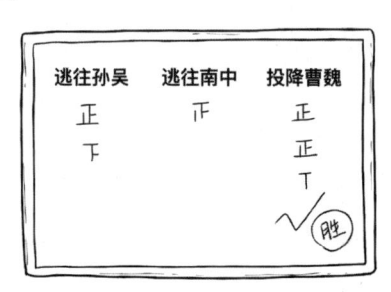

逃往孙吴	逃往南中	投降曹魏
正下	正	正正丁 ✓（胜）

亡国之君不好当，刘禅对投降一事仍狐疑不决，他想逃往南方，谯周说："南方是远夷之地，一向不愿意顺从，多次反叛，是诸葛丞相以兵威相逼，他们才愿意服从。以现在的情况，去了那里对外需要抵御强敌，对内朝廷需要大量供需，只能加倍地从夷人那里索取，到时候他们必然会反叛。"

刘禅听完默然无语，他承认谯周说得有理，不过还担心邓艾率领的魏军已经杀到跟前，要是不愿意接受自己投降怎么办。

谯周认为不会，理由是："现在对曹魏来说，除我们以外孙吴也未臣服，在这种情况下他们一定会接受我们投降，并且以礼相

emmm……

待。如果陛下降魏，魏不裂土以封陛下，谯周愿只身前往洛阳为陛下去争！"

最后，刘禅派侍中张绍等人奉玺绶向邓艾请降，邓艾大喜，当场表示接纳，刘禅另派太仆卿蒋显赴剑阁向姜维宣布敕书，要他就地向钟会投降。

邓艾随后到达成都城外，刘禅率领太子、诸王以及群臣等60多人绑住自己、抬着棺材出城拜见，邓艾手执魏帝颁发的符节，上前为刘禅解开绑绳，又令人焚烧了棺材，接受投降。

邓艾宣布，承曹魏皇帝的旨意拜刘禅为代理骠骑将军，刘禅的太子刘璿被任命为奉车都尉，刘禅的其他儿子被任命为驸马都尉，原蜀汉百官也各拜了新官职。

42年前由刘备一手创建的蜀汉政权就样灭亡了，根据刘禅投降时向邓艾所献的士民籍簿，蜀汉灭亡时的人口共28万户、94万口，甲士共10万零2 000人，官吏4万人。

（十三）"乐不思蜀"成笑谈

刘禅投降后，司马昭命令其前来洛阳居住，封其为安乐县公。刘禅只得离开成都前往洛阳，过起了被软禁的生活。

一次，司马昭设宴，刘禅在座，司马昭故意让人演奏蜀乐，在座的蜀汉旧臣们皆掩面而泣，然而刘禅却显得怡然自得，毫不伤悲。

司马昭故意问他："安乐公思念蜀国不？"刘禅回答说："此间乐，不思蜀！"

到了没人的地方，陪同刘禅来洛阳的蜀汉旧臣郤正说："陛下，司马昭若再问这样的话，您就闭目沉思片刻，说'先人的坟墓还在蜀地，我没有一天不想念'，这样司马昭就会让陛下回到蜀国了。"

司马昭又设酒宴，果然再提同样的问题，刘禅按郤正教他的说了，司马昭惊讶地说："这些话怎么有点像郤正说的？"刘禅也惊讶地说："你怎么知道的？"听到这话，司马昭及左右大笑起来。

晋武帝泰始七年（271年），刘禅在洛阳去世，晋朝谥封其为思公。

四、刘家的其他人物

（一）刘备的养子刘封

刘封本是罗侯寇氏之子、长沙郡刘姓人家的外甥，刘备投靠荆州刺史刘表后，暂时安居于荆州，因当时刘备未有子嗣，于是收刘封为养子。

建安二十三年（218年），刘封跟随刘备北攻汉中，曹操率领大军来援，刘备栖于山头，派刘封向曹操挑战，曹操大骂说："卖鞋的小子，只会叫你的假儿子来挡你家太公么！等我叫我家长黄胡子的真儿子来打你。"曹操于是派人召曹彰来与刘封对敌，但曹彰未到，曹操已经撤军。

建安二十四年（219年），刘备彻底占领汉中全境，另外又派遣宜都太守孟达率军攻占了房陵郡，其后孟达又挥军进攻上庸郡。

刘备担心孟达难以独力取胜，于是遣刘封从汉中顺汉水南下去统领孟达的军队，刘封率军与孟达在上庸合兵一处后成功地逼降了上庸太守申耽，占领上庸后刘封升为副军将军。

建安二十四年（219年）末，关羽包围了樊城、襄阳，胜利在望，多次要求刘封和孟达派兵进行援助。但刘封和孟达却以上庸三郡占领不久，不敢轻易离开为由拒绝了关羽的要求。

后来时局突然逆转，关羽兵败被杀，刘备因此怪罪于刘封、孟达二人。

孟达一直与刘封不和，刘封夺取了孟达演奏鼓乐的乐队，孟达一方面害怕刘备治罪，另一方面又对刘封十分忿恨，于是修书一封给刘备，然后率领部队投降曹魏。

刘封后被孟达、徐晃等击败，回到成都。

刘备责备刘封欺凌孟达，且不救援关羽，于是将其赐死。

（二）刘备的儿子刘永

刘永是刘禅的弟弟，他看不惯宦官黄皓专权，多次谏言。

黄皓则在刘禅耳边用谗言离间刘永，而刘禅竟然听信黄皓的话，渐渐疏远了刘永。

刘永有10多年里无法朝见刘禅，大将军姜维劝谏刘禅远离黄皓，刘禅不听，姜维担心受到黄皓的谗害，因此找借口远离成都，轻易不敢回来。

众大臣见刘永、姜维都被离间，无不惧怕黄皓，纷纷巴结依附，黄皓权势如日中天，刘禅身边被黄皓等人包围了起来，蜀汉国势逐渐衰落。

　　蜀汉灭亡后,刘永被迁往洛阳,被任命为奉车都尉,后死于洛阳。

五、刘家的女人们

（一）刘备的甘夫人

据传刘备说过一句话："兄弟如手足，妻子如衣服。"这句话很容易引起争议，尤其会被女士们反感。

但对这句话可以不去理会它，因为这是演义里说的，在正史中刘备从未这么说过。

但也有人说，刘备对待"妻"和"子"的确像衣服一样，想扔就扔，危险一来只顾自己跑路。这是实情，不过也不能完全责怪刘备，因为每一次出现这种情况，都有特殊的原因。

正史里刘备的第一位妻室是甘夫人，不是正妻，而是妾。《三国志》记载："先主甘皇后，沛人也。先主临豫州，住小沛，纳以为妾。先主数丧嫡室，常摄内事。"

根据这段话推断，刘备不仅娶过正室，而且不止一次两次，否则不能说"数丧"。在纳甘夫人为妾之前，刘备的正妻都先后去世了，原因史书未讲。

《三国志》虽然没有交代甘夫人的出身，但从刘备仅纳其为妾而不是娶为正室这一点看，她的出身一般。不过刘备对甘夫人很信任，家务事都由她来管。

甘夫人后来为刘备生下儿子刘禅，数年后去世，时间大约在赤壁之战以后。

（二）刘备的糜夫人

刘备纳甘夫人为妾是在担任豫州刺史时，这个职务是徐州牧陶谦推荐的。陶谦死时将徐州托付给刘备，刘备担任了徐州刺史，之后收留了走投无路的吕布。

但吕布反客为主，夺取了徐州，刘备带着一支数千人的队伍跑到海西县，甘夫人成了吕布的俘虏。

海西靠近大海，刘备率残兵败将来到这里，没吃没喝，也不知道该往哪里去。

饿极了，甚至发生了人吃人的惨剧。

在这最艰难的时刻，随刘备出征的糜竺给了刘备最大的支持。糜竺是徐州本地的富豪，家底很厚。糜竺和兄弟糜芳散尽家财支持刘备，同时集合了仆人、宾客和族人共 2 000 多人，充实到刘备的队伍中。

并且，糜竺还把自己的妹妹嫁给刘备当夫人。

糜竺是汉末商人从政的成功代表，在刘备事业最低谷时倾全力支持。看得出他不仅会理财，还很有政治头脑。

但糜夫人此后在史书中再未提及，她是什么时候死的都不得而知。演义里说长坂兵败，糜夫人怀抱年仅两岁的刘禅在乱军中走散，遇到赵云，糜夫人发现赵云只有一匹马，于是把刘禅托付给赵云后，投井而死。

但这段描写没有历史依据，《三国志》的记载是："及先主为曹公所追于当阳长阪，弃妻子南走，云身抱弱子，即后主也，保护甘夫人，即后主母也，皆得免难。"

糜夫人湮没无闻，一个可能是死得比较早，另一个可能是受糜芳的牵连。糜芳追随刘备，后任南郡太守，归关羽节度，然而他竟在关键时刻投降了孙吴，导致关羽被杀，糜竺为此曾向刘备"面缚请罪"。

（三）刘备的孙夫人

继甘夫人、糜夫人后刘备的另一个夫人是孙夫人。赤壁之战后，孙权为笼络刘备，主动提出把妹妹嫁给他。

史书对这桩政治婚姻记载得相当模糊，《三国志》《汉晋春秋》和《华阳国志》等略微提过几次。但这个孙妹妹叫什么无从考证，《汉晋春秋》说她叫孙仁献，不太像女人的名字，后世一些书籍和

文艺作品也有叫她孙仁、孙尚香的，皆属附会。

女方主动提婚，又是孙权的妹妹，刘备无法拒绝，于是和这位孙妹妹成婚。

刘备当时已近 50 岁了，孙权那时还不到 30 岁，他的妹妹应该只有 20 多，双方年龄相差一倍。

但这个孙妹妹不是娇妻，而是个典型的野蛮女友。

孙坚是有名的虎将，一生在刀尖上行走，杀人不眨眼。虎父无犬女，孙坚的这个女儿，在女人中算是相当另类。

史书记载，孙妹妹虽然挺有才，但跟孙策、孙权等几个哥哥一样，作风泼辣刚猛，浑身透着男人气。

随孙夫人而来的还有100多名侍卫婢女，个个执刀持枪。刘备每次去见孙妹妹，看到身边那么多舞刀弄枪的人，总会觉得心惊胆战。

孙夫人仗着是孙权的妹妹，平时骄横得很，她手下的那些人常横行不法。

也有人揣测，孙夫人到刘备身边没准还肩负着某种特殊使命，必要时把刘备抓起来作人质都有可能，所以刘备见了才会害怕。

这看似小说家之言,其实也颇有几分道理。后来孙妹妹趁刘备入川,强行要带刘禅回孙吴,幸被赵云等人拦下。

孙妹妹只身回到孙吴,此后事迹不详。

(四)刘备的吴皇后

刘备拿下益州,身边无正室,于是有人张罗给他娶妻,大家都劝他娶吴壹的妹妹吴氏。

> 吴氏美若天仙哦!

吴壹是刘璋的亲戚,他的族父也是名人,就是何进当年的部将吴匡。吴匡与刘焉有旧交,所以吴壹来到了益州,将妹妹嫁给了刘焉的儿子刘瑁。

刘瑁有"狂疾",也就是精神病人,刘焉为儿子娶吴氏是听了相面人的话,说她面相很好,日后必有大贵。

众人劝刘备聘吴氏,刘备有些犹豫,并非吴氏是寡妇,而是觉得自己跟吴氏的前夫刘瑁都姓刘,怕人说闲话。

法正劝刘备说:"要论亲疏,怎比得了晋文公和子圉的关系呢?"

【小贴士】根据《史记》记载,子圉是晋文公的亲侄子,他在秦国做人质,在那里娶妻,后来单独逃回晋国,秦国又把他的妻子嫁给了晋文公。

刘备于是纳吴氏为夫人,提拔吴壹为护军。

刘备称帝后,册封吴氏为皇后,即昭烈穆皇后。

（五）刘禅的李昭仪

刘禅投降后，表面上受到一定礼遇，但总体上是受到屈辱的。

魏军进入成都后，邓艾下令把蜀汉后宫里的宫人们赏给魏军将士中那些还没有结婚的人。

这些被赏赐出去的宫人中包括刘禅的妃嫔，除刘禅的张皇后外，刘禅其余的妃嫔都要下嫁魏军将士为妻。

有位李昭仪大愤，找到刘禅说："我不能接二连三地受到侮辱！"刘禅很难受，却也无奈。

李昭仪于是自杀身亡。

六、刘家的亲戚们

（一）亲家张飞

刘禅的妻子张氏，是张飞的女儿。

刘禅被立为太子后，张氏被立为太子妃。刘禅继位后，张氏被立为皇后。

张皇后的母亲是夏侯渊的侄女，夏侯渊与曹操是连襟，如此一来，通过张皇后就把曹操、刘备、张飞、夏侯渊几大家族联系在了一起。

> 【小贴士】两个男子分别娶了一对姐妹，被称为连襟，也称连桥。曹操的妻子丁夫人有个妹妹嫁给了夏侯渊，二人是连襟。

夏侯渊后来在汉中战败被杀，张皇后的母亲夏侯氏听说后，求情将叔父夏侯渊安葬。

夏侯渊的儿子夏侯霸后来逃亡到蜀汉,后主刘禅亲自接见,刘禅对夏侯霸说:"你的父亲是自己在交战之中阵亡的,不是我的先辈杀死的。"

刘禅又指着自己的儿子对夏侯霸说:"这也是夏侯氏的子侄啊!"

(二)女婿诸葛瞻

诸葛瞻是诸葛亮的长子,诸葛亮《诫子书》里"非淡泊无以明志,非宁静无以致远"就是说给他的。

诸葛瞻后来娶刘禅的女儿为妻,刘禅和诸葛亮成为亲家。

蜀汉灭亡时诸葛瞻 36 岁，是蜀汉的卫将军，与辅国大将军董厥共同主持朝政。

魏军在邓艾的率领下由江油关长驱直入，蜀军被打败，涪城丢失，诸葛瞻率蜀军主力退守到成都北部重镇绵竹。

邓艾派使者给诸葛瞻送信诱降，表示如果诸葛瞻肯投降，可保举他为琅邪王，诸葛瞻大怒，斩了邓艾的使者，率军出战。

这一仗打得很激烈，最终蜀军被击破，诸葛瞻、张遵等人战死。

诸葛瞻的儿子诸葛尚也在军中，听说父亲战死，也冲入敌阵而死。

（三）亲家费祎

费祎是诸葛亮亲自选定的继任者，在蒋琬之后担任蜀汉的大将军。

费祎的次子费恭娶了后主刘禅的女儿，费祎的长女嫁给了后

主刘禅的太子刘璿，被立为太子妃。

由于有双重的儿女亲家关系，费祎深得后主信赖，可惜的是，费祎后来死于刺客之手。

诸葛氏家族史

一、家族简介

在汉末三国时代,徐州刺史部琅邪国诸葛氏家族虽然没有开创自己的帝业,但也涌现出多位搅动历史风云的人物,其中以蜀汉丞相诸葛亮、孙吴大将军诸葛瑾、孙吴大将军诸葛恪为代表。

诸葛亮一生忠贞、济世、敬业、至公、廉洁、谦虚,这些都为历代以来的帝王、将相以及普通百姓所称颂,人们从不同角度称赞他,使诸葛亮成为帝王心目中理想的人臣、人臣治国理政的榜样以及普通人平时学习的楷模。唐代官方设武庙,从历代军事家中选出10位杰出军事家入祀,诸葛亮是整个汉末三国乃至两晋唯一入选者,宋代官方仍沿袭唐代设武庙的做法,诸葛亮继续入选。

民间也将诸葛亮视为智慧的化身,认为他无所不能。其实,考查诸葛亮的一生,他取得过胜利,也多次经历失败,甚至遇到过严重的失败,但这丝毫没有减少人们对他的崇敬。在诸葛亮的影响和带动下,诸葛氏家族也成为三国时代的"豪门"。

二、人物关系图

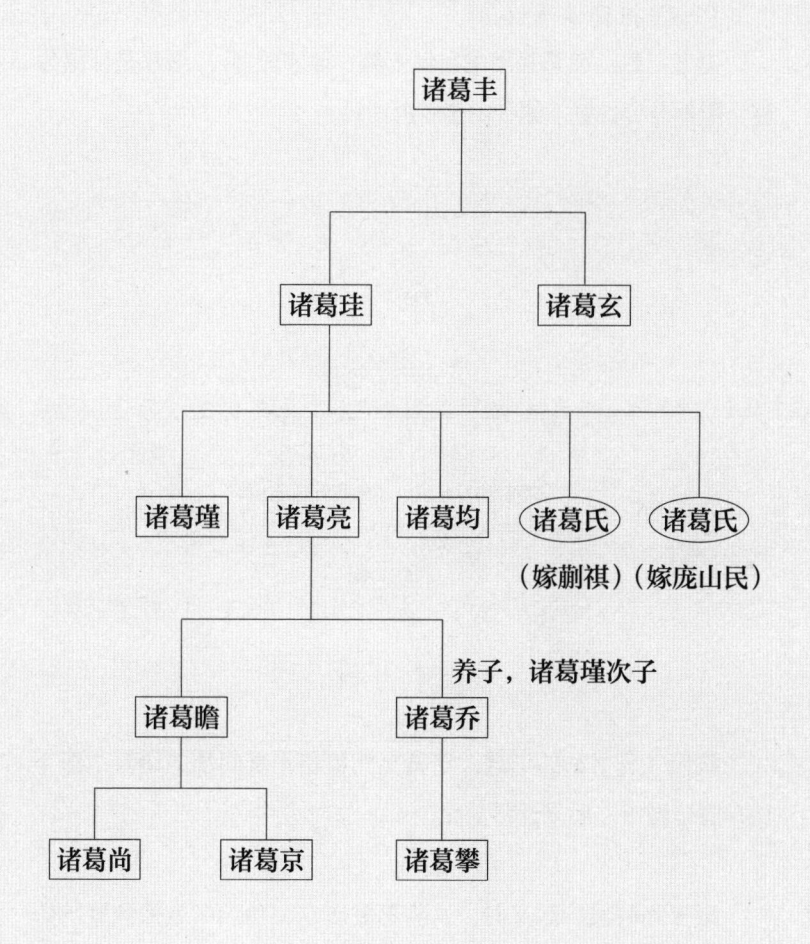

```
                    诸葛丰
                      │
          ┌───────────┴───────────┐
        诸葛珪                  诸葛玄
          │
   ┌──────┬──────┬──────┬──────┐
 诸葛瑾  诸葛亮  诸葛均 (诸葛氏) (诸葛氏)
                        （嫁蒯祺）（嫁庞山民）
          │
     ┌────┴────┐        养子，诸葛瑾次子
   诸葛瞻    诸葛乔
     │          │
  ┌──┴──┐       │
诸葛尚 诸葛京  诸葛攀
```

三、发迹和衰亡史

（一）祖籍地争议

史书记载，诸葛亮出生在汉末的"琅邪阳都"，琅邪是郡国名称，阳都是个县城，即今山东省沂南县。

按照《吴书》的记载，诸葛亮的祖籍本是同郡的诸县，即今山东省诸城市，后来迁移至此。

秦末陈胜吴广起义时，大将葛婴屡立战功，但是被陈胜听信谗言后杀害，汉文帝时封葛婴的孙子为诸县侯，其后代就以诸葛为姓，称诸葛氏。

但这只是诸葛亮家族起源的一种说法,还有一种说法是他们出于葛姓,在伯夷后裔葛伯的封国灭亡后,原来居住在琅邪郡诸县的葛氏一支迁往同郡的阳都县。

诸葛

因为阳都县已有葛姓,为了区别,就把后迁来的葛姓称为诸葛氏。

另外还有一种说法,说春秋时期齐国有熊氏之后有复姓詹葛的，总是被读为诸葛，以后干脆改称诸葛氏，即诸葛亮的祖先。

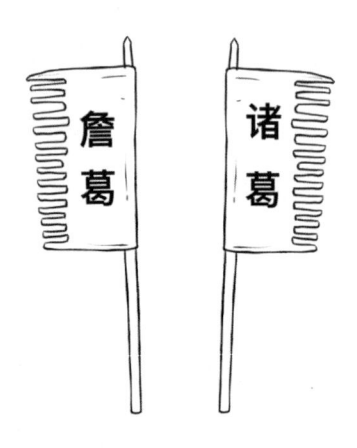

（二）远祖诸葛丰

诸葛亮有一位远祖，名叫诸葛丰，是这个家族的骄傲之一。

诸葛丰是西汉初年人，以刚直而著称于世，在汉元帝时担任过司隶校尉。

【小贴士】司隶校尉，汉武帝时所设官职，起先是皇帝的钦命使者，可以奏弹、审讯和逮捕一切官僚和贵族。东汉初年，司隶校尉获得更大权势，朝会时和尚书令、御史中丞一起都有专席，当时有"三独坐"之称，其常常劾奏三公等尊官，故为百僚所畏惮。司隶校尉对京师地区的督察也有所加强，京师七郡称为司隶校尉部，是东汉的13个州之一。

两汉时期历任的司隶校尉当数诸葛丰名气最大，因为他执法公正，不畏权贵，深得百姓尊重。

所以，诸葛丰凭着担任过司隶校尉的资历在《汉书》里有了自己的传记。

曹操年轻时在洛阳、顿丘等地担任基层官吏，他很想有所作为，在某些方面就深受诸葛丰的影响。

曹操后来统一河北，邺县成为他的大本营，曹操为找不到合适的邺县县令而苦恼，曾经感叹："到哪里能找到像诸葛丰这样的人才呢？"

（三）郡丞诸葛珪

虽然诸葛氏也算名门，但还算不上当时的"旺族"。

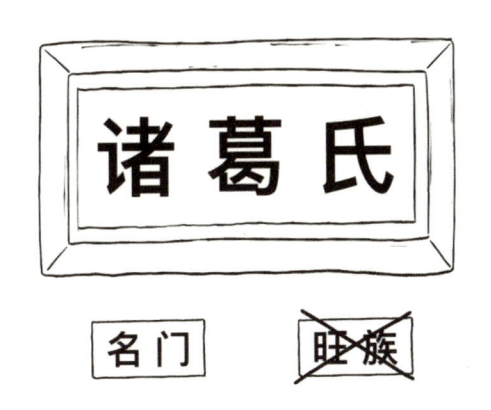

汉末是一个门阀渐起的时代，像汝南郡袁氏、颍川郡荀氏、弘农郡杨氏、太原郡王氏那样威名显赫、几世几公的巨族纷纷涌现，在政治上呼风唤雨、左右时局，与他们相比，诸葛氏家族要逊色多了。

诸葛亮的父亲名叫诸葛珪，官至泰山郡丞，品秩为六百石，与县令相当，是品秩二千石的郡太守的下属。

东汉的一个郡，介于现在省与市之间，大郡相当于一个省，小郡也相当于现在一个或若干个市。汉末之前，郡太守地位很高，当时朝廷里部长级的九卿品秩也是二千石，所以郡太守相当于"省部级"官员。

郡太守一般有两个助手：郡丞和长史。郡丞是太守的副手，相当于"副太守"，长史相当于郡政府秘书长。

如此看来，诸葛亮的父亲虽然品秩不高，但地位也不算低，有人干脆称之为"副市长"。

虽然就郡丞的职守来说确实很重要，但就其政治地位而言却要一般得多，因为严格说起来，郡丞并不算"官"，而只是"吏"。

【小贴士】在古代官僚政治中，官和吏有着严格的分野。官，是那些通过国家选拔由朝廷正式任命的官员；吏，是官府聘任的协助长官办事的人员。官由朝廷考核，决定升迁；吏，由长官考核，决定去留。诸葛珪能做到郡丞，说明他很有才干，而他只做到了郡丞，说明他虽然有才干，却缺少所谓背景。

泰山郡不属于琅邪国所在的徐州而属相邻的兖州，不过泰山郡与琅邪国也相邻，由泰山郡的郡治奉高至诸葛亮的老家阳都县并不太远，按照现在的距离算只有100多千米。

史书并没有记载诸葛亮幼年时是否随父亲到泰山郡生活,但两地路途不远,即使诸葛亮一直生活在故乡,父亲也可以经常回来探望。

(四)兄弟姊妹

诸葛珪有三个儿子,长子诸葛瑾,次子就是诸葛亮,下面还有一个儿子名叫诸葛均。

诸葛瑾长诸葛亮 8 岁，诸葛亮比弟弟诸葛均大 3 岁。

除此之外，诸葛亮还有两个姐姐。

诸葛瑾少年时代便到京师洛阳求学，学业进步很快，对《毛诗》《尚书》《左氏春秋》都有一定研究。

作为诸葛氏家族的长子，诸葛瑾到京师洛阳唯一目的只能是求学，目标很有可能是太学。

【小贴士】在东汉,太学是朝廷官办的最高学府,来这里求学不仅是拿张文凭和找寻一条晋升官场的阶梯,而且也是为了自己得到深造和提高,因为这里是各路精英荟萃之所,据史书记载,袁绍上过太学,曹操也是从太学毕业的。

诸葛珪把长子送到洛阳读书,说明他有眼光,也说明他有这样的经济实力。

如果天下没有大乱,如果家里也没有出现后面的那些变故,诸葛亮长大后想必也会到太学求学,成为一名学者,或者由此走向仕途吧。

(五)父母过早离世

诸葛亮出生于汉灵帝光和四年(181年),距东汉末年著名的黄巾大起义只有3年,可以说,他出生在一个多事之秋。

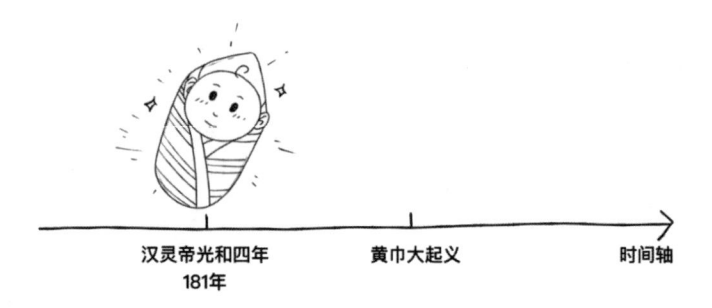

关于诸葛亮出生的准确日期，有很多说法，最有影响的有3个：4月14日、7月23日、8月1日。

浙江兰溪诸葛大公堂所存《诸葛氏宗谱》记诸葛亮出生于181年4月14日。

清道光九年（1829年）所修《昭烈忠武陵庙志》记诸葛亮出生于181年7月23日。

至于8月1日，引用颇多，但似无出处，细究之下可能源于1981年农历8月1日某地举办的纪念诸葛亮诞辰1 800周年纪念活动，有人误以为诸葛亮的生日便是8月1日。

上面这些材料里还提到，诸葛亮的母亲姓章，在诸葛亮 5 岁的时候就去世了。

为照顾诸葛亮姐弟们的生活，远在泰山郡任职的父亲续了弦，这位继母姓氏不详，但孩子们对她都很孝顺，尤其是诸葛瑾，因为孝顺继母而为人称道。

不幸的是，诸葛亮 8 岁时，他的父亲也离开了人世。

原本幸福的一家接连遭到如此打击，这些都深深烙在了少年诸葛亮的心中，不可避免地影响到他性格的形成。

（六）战乱留下灰色记忆

父母先后去世，诸葛亮所面对的是整个家庭的命运出现重大转变，诸葛亮所能依靠的只有兄长诸葛瑾。

诸葛瑾此时已从洛阳回到故乡，挑起了家庭的重担。

其实，即使父母仍健在诸葛瑾也要回来，因为天下已不太平，

洛阳成为动乱的中心。

诸葛亮3岁时，也就是汉灵帝中平元年（184年），在全国范围内爆发了张角领导的黄巾大起义，天下响应，万众影从，京师为之震动。

诸葛亮9岁时汉灵帝驾崩，大将军何进拥立皇子刘辩继位，紧接着发生了董卓等外兵入京事件，何进被杀，董卓鸩杀刘辩，改立另一位皇子刘协登基。为反抗董卓，袁绍、袁术、曹操等人

联络 10 余位刺史、太守结盟起兵，组成关东联军，开始了讨伐董卓之战。

诸葛亮 11 岁时董卓挟汉献帝刘协迁都到了长安，后又被王允、吕布等人发动政变杀死，天下已完全进入到群雄割据混战的时代。

由诸葛亮的家乡阳都县沿沂水而下，不远即是临沂，再往下，是琅邪国的治所开阳，在诸葛亮 10 岁左右，大批由中原地区迁来的人住满了这里，其中最著名的当数朝廷前太尉曹嵩，他是曹操的父亲。

诸葛亮 13 岁时，曹操占据了兖州大部分，被推举为兖州牧，他想把父亲接到自己控制下的兖州东郡。

兖州所属的泰山郡离琅邪国最近，泰山郡太守应劭是曹操的手下，曹操把这个任务交给了应劭。

曹嵩一行虽然收拾好了开始上路，但半路上被人劫杀，包括曹嵩在内的曹家数十口人一个没剩，全被杀死。

应劭吓傻了，不敢在泰山郡待下去，弃官逃到了袁绍那里。

曹操闻听大悲，继而狂怒，誓言报复。

呜呜呜，我要报仇！

之后，曹操发动了多次南征徐州之战，其中第二次征徐州时曹军走的是东线，其主力进入到琅邪国北部地区，一连拿下五座城池，一直打到东海。

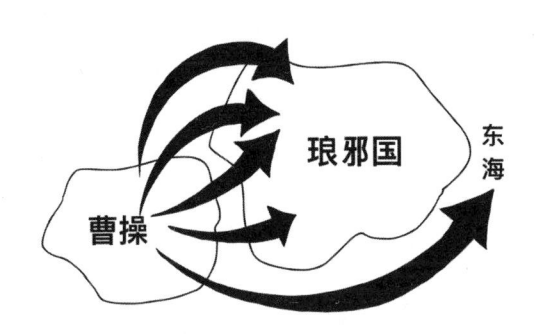

曹操此战攻下的琅邪国五座城池都是哪几座不得而知，但是少不了开阳、即丘、阳都这几座沂水沿岸靠近东海郡的城池，这是诸葛亮的家乡阳都县第一次面临大规模战事。

综合各种史料记载，曹军早期的军纪比较差，这大概与曹军早期的构成有关。曹操起兵初期，收编了大量地方武装，还有相当多的黄巾军旧部，作战虽勇猛，但纪律较差，屡次留下屠城和残杀百姓的记录。

战火一起，生灵涂炭，这次琅邪国境内五座城池陷落的情景虽然没有留下文字记载，但惨状可想而知。

少年诸葛亮目睹了这一切，从而在心中留下了抹不去的阴影，让诸葛亮对曹操多少产生了本能的排斥，这种微妙的心理甚至影响到诸葛亮日后的政治选择。

（七）诸葛亮的叔父诸葛玄

虽然曹操此次南征徐州仍然未能全胜，遇到了重大挫折，张邈和陈宫秘密迎请吕布在曹操的后方兖州发起叛乱，曹操不得不

仓促撤军，但所有人都明白曹操还会卷土重来，琅邪国已不安全。原本是避难之所的琅邪国，现在每天都有大量民众外逃。

作为诸葛家长子的诸葛瑾，看着继母和两个弟弟、两个妹妹，不得不开始思考。

好在诸葛亮和诸葛瑾还有一个叔父，关键时刻给他们提供了帮助。

诸葛亮的叔父名叫诸葛玄,是个很有本事的人,早年在洛阳为官,具体担任什么职务不详,应该不是特别高级的官职,因为史书中没有关于他在朝廷为官的任何记载。

有本事

诸葛玄的地位也不会特别低,从他在洛阳的交游情况看,他有机会接触到不少上层人士。

诸葛玄应该是一名中级官吏,当他在朝为官时,正值宦官争斗、董卓乱政,就连朝廷里三公九卿一级的高级官员说杀就杀,朝不保夕,更何况他们这些人。

考虑到这些情况,加上诸葛珪病故,诸葛玄回到了家乡。

在洛阳期间诸葛玄交到了不少朋友,其中有两个好朋友,一个是刘表,一个是袁术,他们的事业都有很大发展,相继成为天下有相当影响力的人物。

袁术当时在扬州刺史部发展,但该州下辖的豫章郡还不在他手中。这时,豫章郡太守周术死了,袁术觉得这是个机会,想派人到那里发展势力。

袁术想起了诸葛玄，便让人捎信给在阳都的老朋友诸葛玄，说自己想表奏诸葛玄为豫章郡太守，问他是否有意。

（八）南下豫章

诸葛玄接到袁术的信，没有多想就答应了下来。

> 我愿意！

诸葛玄也知道此行充满了艰辛和危险，因为袁术虽然是朝廷正式任命的后将军，但并没有权力任命自己做太守。

> 我要控住这个局面！

琅邪国

而且袁术新来扬州,他的势力远远没有达到豫章郡,去上任,顺利还好说,如果控制不了局面,那麻烦就大了。

【小贴士】豫章郡,东汉时属扬州刺史部,郡治在南昌县,即今江西省南昌市,全郡的管辖范围与今江西全省大致相当。

可是诸葛玄来不及思考这些,看着曹操的大军很快又要卷土重来,琅邪国将再陷灭顶之灾,为了一家人逃命,诸葛玄决定冒一次险。

诸葛玄与诸葛瑾、诸葛亮哥俩商量后,决定分成两路,自己先带领诸葛亮、诸葛均以及他们的两位姐姐去豫章郡上任。

诸葛瑾留在家乡,照顾继母,照看家中的产业。

就这样,大约在汉献帝兴平元年(194年),诸葛亮随叔父诸葛玄一起离开生活了14年的故乡阳都,开始了新的未知旅程。

阳都

未知旅程

（九）由豫章到荆州

14岁的诸葛亮随叔父第一次走出家乡，一路上所见所闻，进一步加深了他对战争的认识和对苦难的理解。

当诸葛亮听到和看到曹军留下的累累暴行时，诸葛亮的内心自然会生出更多的厌恶和极度反感。

总算到了豫章郡，接下来的事，有两种不同的记载。

一个是《三国志》所说：远在长安的朝廷听说周术死了，正式任命了一个叫朱皓的人来当豫章郡太守，这样豫章郡便有了两个太守。面对这种情况，诸葛玄决定放弃，但他没有回老家阳都，也没到袁术那里，而是想到了另一位老朋友刘表，便去了荆州，依附于刘表。

另一个是《献帝春秋》所说：朝廷得知周术已死，袁术私自委任诸葛玄为太守，便派朱皓来代替诸葛玄。朱皓从扬州刺史刘繇那里借来兵，攻击诸葛玄，诸葛玄不敌，退守西城，西城发生民变，杀了诸葛玄。

结合后面发生的事，《三国志》的说法似乎更为可取。诸葛玄的郡太守并非名正言顺，当朝廷正式任命的太守到任后，诸葛玄没有理由对抗到底，弃官是正常选择。

主动放弃豫章郡太守一职后,诸葛玄没有回到家乡,是因为家乡的战乱更甚于之前,曹操又发起了新的南征徐州之战,而侄子诸葛瑾已携继母离开了阳都,远赴江东避难。

> 赴江东!

诸葛玄也没有选择回到袁术那里,一来袁术交给自己的事是这样的结局,他不想再去见袁术;二来听说袁术的野心越来越大,社会上到处流传,说袁术已经暗中做着僭越称帝的打算。

在这种情况下,去投靠离豫章郡不远的故友刘表成为诸葛玄自然的选择。

> 欢迎欢迎!热烈欢迎!

大约在汉献帝建安元年（196年），诸葛亮随叔父诸葛玄来到荆州，这一年诸葛亮15岁。

刘表对老朋友的到来十分欢迎，把他们一行接到襄阳居住。

诸葛玄到了襄阳，并没有在老朋友刘表手下任职，推测起来，最大的可能是诸葛玄的健康出了问题，因为就在一年之后，他病逝于此。

（十）隐居隆中

值得庆幸的是，叔父诸葛玄临终前对诸葛亮姐弟的生活已做了精心安排。

在叔父的主持下，诸葛亮的两位姐姐分别完成了婚事，她们所嫁的对象，都是赫赫有名的家族。

诸葛亮的大姐嫁给了蒯祺，二姐嫁给了庞山民。

这两桩婚事办完，诸葛玄心里的石头算是放了下来。

我可以放心地走了……

接下来，17岁的诸葛亮可以有不同的人生选择：他可以和弟弟依附两个姐姐生活，以两位姐夫随便哪一家的实力，他们的生活肯定都不会差。

诸葛亮也可以利用两位姐夫家的影响力到刘表手下谋一份职，诸葛亮已经17岁，在那个年代是可以出来做事的年龄了。

经过认真思考，诸葛亮做出了决定，他既没有随姐姐去过荣华富贵的生活，也没有到刘表手下谋一份差事，他决定继续

求学。

诸葛亮最后在荆州城西北10千米找到了一处叫隆中的小山村，在那里过起了长达10年的隐居、学习生活。

（十一）千古第一贤相

赤壁之战前，寄寓于荆州的刘备"三顾茅庐"请出诸葛亮，诸葛亮自此追随刘备。

诸葛亮在刘备手下,先后任军师中郎将、军师将军等职,是刘备最重要的助手。

军师中郎将

军师将军

得力助手

刘备称帝后,诸葛亮被任命为蜀汉的丞相。

刘备去世前，在白帝城向诸葛亮托孤，诸葛亮辅佐后主刘禅继位，开始主持蜀汉的国政。

诸葛亮主政后，平定南中，外和孙吴，之后五次北伐中原，虽然大业未成，但他"鞠躬尽瘁，死而后已"的精神为历代以来的人们所景仰。

蜀汉建兴十二年（234年）8月，蜀汉丞相、武乡侯诸葛亮病逝于五丈原前线，终年54岁。

四、诸葛氏的其他人物

（一）诸葛亮大哥诸葛瑾

建安五年（200 年），诸葛亮的大哥诸葛瑾因中原战乱而避乱江东。孙权在弘咨引荐下见到诸葛瑾，惊异于其才华，于是将其与鲁肃等一起待为上宾。

诸葛瑾先担任海盐县长，后转任孙权的长史，这个职务类似于秘书长。

诸葛亮追随刘备后，奉命联络孙权共同抗击曹操，此行使孙权对诸葛亮留下了强烈印象，孙权曾亲自做工作想劝诸葛亮跳槽。

孙权对诸葛瑾说："你与孔明同父同母，弟随兄才于义为顺，为什么不劝说孔明留下来？孔明若愿意留下来，我可以给刘备写信解释。"

诸葛瑾回答："我弟弟在刘备手下，他已将身心相托，与刘备之间情分已定，在道义上不存在二心。他不会留下，就像我不会去刘备那里一样。"

诸葛亮随刘备赴益州后，孙权曾派诸葛瑾出访成都，诸葛瑾在成都见到了弟弟诸葛亮，他们已经离别 20 年之久。

但是，兄弟俩只谈公务，不谈私事，私下也没有见面。

诸葛亮任蜀汉丞相后，孙权任命诸葛瑾为绥南将军，代替吕蒙兼任南郡太守，驻扎于公安，负责面对蜀汉第一前线的军政事务。

作为诸葛亮的哥哥，诸葛瑾没沾上什么光，反而落下不少猜疑。据《江表传》记载，诸葛瑾到了南郡，有人向孙权告密，说他有问题。

这些风言风语传到了陆逊那里，陆逊有点儿着急，他向孙权写了份报告，力保诸葛瑾没问题，并且请求采取什么方式给予辟谣。

孙权接到陆逊的报告回复道："子瑜与我共事已经很多年了，恩如骨肉，我对他了解很深，他这个人没有道义的事不做，不仁义的话从不讲。我和子瑜可谓神交，不是几句话就能离间得了的。"

孙权还把前面的那些告状信一一封好，让人送给诸葛瑾，并且亲笔给诸葛瑾写信安慰他。

接到陆逊的信后，孙权也把陆逊的来信一并转给诸葛瑾，让他知道陆逊的心意。

赤乌四年（241年）诸葛瑾去世，时年68岁，死前嘱咐买棺服、办丧事要简约。

（二）诸葛亮的养子诸葛乔

诸葛亮与妻子黄氏成婚后，一直没有儿子。

诸葛瑾决定把自己的二儿子诸葛乔过继给弟弟。

据《三国志》记载，这件事先是经过诸葛亮的请求，后诸葛瑾又专门报呈孙权同意，诸葛乔才来到成都。

诸葛乔原来字仲慎，因为他是诸葛瑾的老二，过继给诸葛亮后，诸葛亮亲自给他改字为伯松，视为嫡长子。

蜀汉建兴五年（227年）诸葛亮出师北伐，《诸葛亮集》保存着几封诸葛亮写给哥哥诸葛瑾的信，其中一封信透露，诸葛乔就在这次北伐后勤运输队中。

> 兄长：
> 咱们儿子在北伐后勤运输队中
> 弟

诸葛亮让诸葛乔率领一支五六百人的运输队，和其他官员子弟一样在汉中与成都间运送粮草。

前方打仗很危险，在后方运输也是件辛苦的事情，就在第二年，诸葛乔因病去世，死时才25岁。

英年早逝

（三）诸葛亮的侄子诸葛恪

诸葛恪字元逊，是诸葛瑾的长子，出生在赤壁之战前，是诸葛亮、诸葛瑾家族下一辈中的长男。

诸葛恪继承了诸葛氏家族的优秀遗传基因，史书称他身高七尺六寸，接近今天的1.8米，大口高声，从小就很有才思，尤其善于辩论，很少有人能辩过他。

诸葛瑾长得不如弟弟诸葛亮排场,他长着一张大长脸。一次,孙权大会群臣,让人牵了一头驴进来,故意量了一下驴的脸,写上"诸葛子瑜"。

诸葛恪那时还小,看到有人拿父亲开涮,不急不闹也不哭。诸葛恪走上前跪倒,对孙权说:"请给我一支笔。"

给我一支笔!

孙权不知道这位小朋友要笔干什么，就给了他，诸葛恪拿着笔，不慌不忙来到那头驴前，在"诸葛子瑜"字下添上"之驴"两个字，这一举动赢来举座欢笑，孙权就把驴赐给了诸葛恪。

还有一次，孙权见到诸葛恪，故意问他："你父亲和你叔父谁更有才能？"

诸葛恪想都没想就回答："我父亲更优。"孙权问他为什么，诸葛恪回答："我父亲懂得事奉什么样的人，我叔父却不懂，所以我父亲更优。"

小小年纪就如此机敏,而且知道抓住时机狠拍马屁,孙权听后大笑,孙权觉得诸葛恪很好玩,挺喜欢他,有宴会就让诸葛瑾把他带来。

有一次宴会上,孙权命诸葛恪劝酒,诸葛恪走到张昭面前劝酒,张昭酒量可能有限,这时已经喝得差不多了。

张昭不肯再喝,对诸葛恪说:"这样劝酒不符合尊老的礼节。"孙权想看热闹,对诸葛恪说:"你能不能说服张公,让他饮下此杯?"

诸葛恪于是对张昭说:"姜太公当年90岁了,仍能高举白旄指挥军队,他不认为自己老。军旅之事您总在后面,吃饭喝酒把您放在前面,怎么还说我不尊老呢?"

张昭被小朋友弄了个脸红,只得把酒一饮而尽。

诸葛恪还有一次跟张昭斗嘴，当时有许多白头鸟飞到大殿之前，孙权问是什么鸟，诸葛恪抢先回答说："是白头翁。"

张昭在座，他年龄最大，怀疑诸葛恪这小子又没安好心，是故意挖苦他，张昭于是对孙权说："诸葛恪是在戏弄您，哪来的白头翁这种鸟，不信让诸葛恪找出一个白头母来。"诸葛恪立即答道："鸟儿的名字从来不是相对的，有一种鸟叫鹦母，请张先生找出一个叫鹦父来。"

在座的人听了，都笑个不停。

还有一次，蜀国使臣来孙吴，孙权设宴款待，诸葛恪也参加了，孙权对蜀国使臣开玩笑道："这位诸葛恪先生喜欢骑马，请回去告诉你们诸葛丞相，给他侄子送匹好马来。"

诸葛恪赶紧拜谢，孙权说："马还没有来，为何感谢？"诸葛恪回答说："现在蜀国就是陛下您的马厩，您已发话，马肯定会送来，安敢不谢？"

拍马屁的最高境界除了抓住时机，还要做到不露痕迹、润物无声，诸葛恪这个马屁拍得可谓机警和无孔不入，他从小就是这方面的行家。

孙权的长子孙登比诸葛恪小5岁，他们从小关系就挺好，有一次他们玩的时候红了脸，孙登骂诸葛恪："诸葛恪应该吃马粪！"诸葛恪立即回道："那你就去吃鸡蛋！"

孙权听说后很好奇，就问诸葛恪："人家让你吃粪，你为什么让人家吃鸡蛋？"诸葛恪回答道："这两种东西都是从一个地方出来的。"

孙权听完，开怀大笑。

孙权很喜欢诸葛恪，称吴王后，孙权想任命诸葛恪为节度官，掌管军粮。

诸葛亮听说此事，赶紧给陆逊写信，信中说："家兄年事已高，诸葛恪生性疏忽，现在让他主管军粮，而军粮是军队最重要的东西，我虽人在远方，但听说后一直不安，请转告吴王，为诸葛恪调换一下职务。"

节度官是孙权创设的官职，品秩不详，但是它的首任徐详，是由偏将军转任的，所以这是一个相当于副部级的高级官职。

诸葛亮认为诸葛恪不合适，一种可能是觉得这个官职太高，诸葛恪年轻，资历尚浅，还需要锻炼；另一种可能是这个职务很重要，责任重大，又与经济有关，诸葛恪没有这方面的才干。

政坛新星

陆逊将此事报告了孙权，孙权还真给诸葛亮面子，没让诸葛恪当节度官，而是让他去带兵。

诸葛恪以后成长为孙吴的政坛新星，孙权临终前，任命他为大将军，托孤给他，让他辅佐幼帝孙亮。

这样，诸葛氏家族就有了两位"托孤大臣"。

只可惜，诸葛恪的才干不及叔父诸葛亮，他后来死于一场政变。

五、诸葛家的女人们

(一) 诸葛亮的妻子黄氏

说起诸葛亮的夫人,多数人都会想到黄月英,关于她有很多民间传说。

有人说,木牛流马其实不是诸葛亮发明的,而是黄月英的专利,黄月英心灵手巧,不依靠外力而完全凭机械的内部动力造出了世界上最早的"机器牛""机器马"。

还有人说，八卦阵也不是诸葛亮发明的，发明它的同样是黄月英。甚至还有人说，诸葛亮手里经常拿的羽毛扇之前没有，是黄月英为丈夫专门发明的……

总之，黄月英成了超级智慧的化身，不仅在三国时代，放眼整个中国古代恐怕也难找出能与她比肩的女发明家。

大量传说和民间故事也同时指出，黄月英长得很丑，但诸葛亮看中了她的才学和品德，不以貌"娶人"，成就了一段佳话。

诸葛亮的妻子确实姓黄，记载这件事的不是《三国志》，而是一部叫《襄阳记》的书。

根据这部书的记载，诸葛亮在隐居隆中期间，本地名士黄承彦有个女儿没出嫁，黄承彦亲自向诸葛亮提亲。

黄承彦不是普通的名士，因为黄家也是荆州的大族之一。荆州最有影响力的大族首推蒯家，其次是蔡家，蔡家的代表人物是蔡瑁，他有两个妹妹，一个嫁给了刘表，另一个就嫁给了黄承彦。

也就是说，黄承彦和刘表是连襟，有了这层关系，加上黄承彦自身的影响力，如果想出来当官自然是轻而易举的事。

但黄承彦跟庞德公、司马徽这些无意官场的名士一样，对当官没有兴趣。

由于志趣相投，黄承彦和庞德公交往密切，诸葛亮的二姐嫁给了庞德公的儿子庞山民，诸葛亮一向对庞德公很尊敬，由于这个关系黄承彦知道了诸葛亮，并对这个志向远大、学识一流又为人沉稳的年轻人抱有深深好感。

以黄家的实力和地位，女儿自然不愁嫁，可黄承彦看好诸葛亮，一般来说这样的事最好通过第三方来转达，以免对方不同意带来尴尬，而且最好由男方首先提出才更符合礼节。

但黄承彦觉得没必要，他自己直截了当地向诸葛亮说了这件事。据《襄阳记》记载，黄承彦对诸葛亮说："听说你还没有成家，我有一个丑女，黄头发、黑皮肤，但是才能和品格与你相配。"

诸葛亮一听就答应了，并且很快成了亲。

诸葛亮是身高 1.88 米的美男子，又年轻有为，前途无量，却娶了个丑媳妇。《襄阳记》说，这件事传开后，大家经常拿这逗乐，还编了个乡谚："莫作孔明择妇，正得阿承丑女。"

正是由于受上面这段记载的影响，历代以来诸葛亮的这桩婚姻便颇受世人关注，大家赞赏诸葛亮不以貌取人。

但《襄阳记》并没有说黄承彦的这个女儿叫黄月英,木牛流马、八卦阵、羽毛扇这些也统统没有提到。

黄月英的名字最早出自哪里呢?至少唐代以前的书里从未出现过,有人说出自《三国志平话》,其实也没有,甚至《三国演义》也没提到。

还有人说,就像孙尚香出自京剧《甘露寺》一样,其实黄月英这个名字也来自京剧里,那就比较晚了,因为京剧的历史本身就不长。

三国时代女性的姓名很少记在史书上,像司马懿夫人张春华那样的例子少之又少,一部《三国志》里大概找不出 10 位女性历史人物的姓名来,关羽的夫人叫什么?鲁肃的夫人姓甚名谁?统统不知道。

但要说的是，大家都认为这位黄夫人是位丑女，那倒未必，因为这句话是从黄承彦的嘴里说出来的，因而更多地是出于自谦。

黄承彦的这个女儿可能算不上美女，但未必长得"黄头黑色"，按照人之常情，如果自己的女儿真惨成那样，黄承彦大概不会主动向诸葛亮提亲。

黄承彦只是谦虚，至于乡谚，因为其也出自于《襄阳记》这部书，可能是它根据黄承彦的话演绎出来的。

黄承彦大概确实说过女儿丑的话，这句客气话被《襄阳记》的作者习凿齿抓住了，进行了一番演绎，目的是更加突出诸葛亮的形象。

六、诸葛家的亲戚们

（一）女婿蒯祺

蒯祺是西汉大臣蒯通之后，蒯良、蒯越的侄子。

刘表得以在荆州站住脚，与蒯良、蒯越的帮助有很大关系，蒯氏是荆州的地方大族。

诸葛亮的大姐嫁给了蒯祺，蒯祺后官至房陵郡太守。

刘备平定汉中后命孟达攻房陵郡，蒯祺被孟达所杀。

（二）女婿庞山民

诸葛亮的二姐嫁给了庞德公的儿子庞山民，而庞统是庞德公的从子。

这样一来，庞统跟诸葛亮就有了亲戚关系，两个人平辈。

所以，庞统战死在益州，诸葛亮当时还在荆州，听到消息，诸葛亮"亲为之拜"，亲自到庞家吊唁，原因就是双方有亲戚关系。

（三）诸葛亮的姨父刘表

诸葛亮的岳母姓蔡，她有个妹妹，嫁给了刘表。

这样一来，刘表就成了诸葛亮的姨父。

但是，诸葛亮并没有利用这层关系到刘表那里发展。

诸葛亮不同寻常的地方在于，他有很多"关系"，最后选择的却是毫无关系的刘备。

（四）亲家张昭

诸葛亮的大哥诸葛瑾早年来到江东，诸葛瑾有两个外孙女，也就是诸葛亮的外侄孙女，她们都很出色，一个嫁给了陆逊的儿子陆抗，一个嫁给了孙权的儿子孙和。

诸葛瑾的这两个外孙女不姓诸葛，而姓张，因为她们的父亲是张昭的儿子张承，张昭是诸葛瑾的亲家。

这些都是"实在亲戚"，所以当年诸葛亮到了江东，是张昭出面挽留的，张昭把诸葛亮推荐给了孙权。

司马氏家族史

一、家族简介

出身于汉末司隶校尉部河内郡温县的司马氏家族,是典型的士族出身,在汉末群雄逐鹿中,他们加入曹魏阵营,其中司马懿、司马朗、司马孚都较为知名。

司马懿一生可谓波澜起伏,20多岁来到曹操手下做事,43岁时被封侯爵,担任尚书仆射。他最辉煌的时期是在47岁到60岁之间,他两次被托孤,平孟达、抗诸葛亮、伐公孙渊、拒孙权,建立了卓越功勋,获得了巨大的个人威望,但也因此受到魏明帝曹叡、大将军曹爽等人的忌惮。

后来,司马懿、司马师、司马昭父子在被动的情况下奋起一击,通过政变夺取了权力。不过,他们表面上都尊奉曹魏的皇帝,只担任了太尉、大将军等职务。司马昭的儿子司马炎继承权力后,通过禅让方式取代曹魏,建立了晋朝,司马懿、司马师、司马昭分别被追尊为晋宣帝、晋景帝和晋文帝。

二、人物关系图

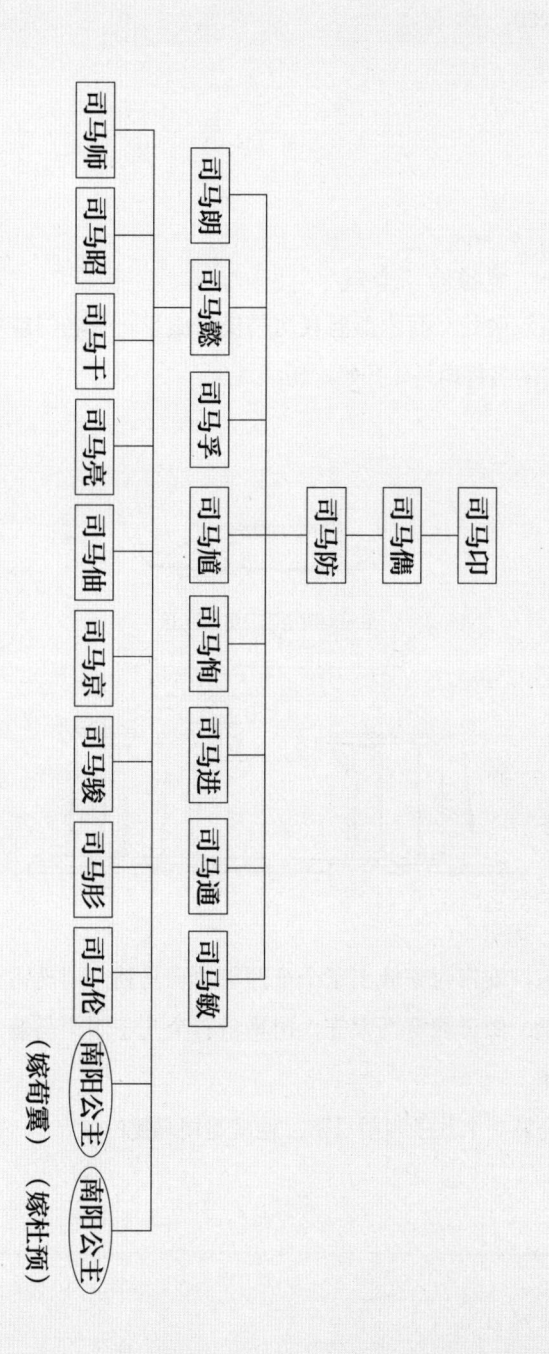

```
司马钧 ── 司马量 ── 司马俊 ── 司马防 ┬ 司马朗
                                  ├ 司马懿 ┬ 司马师
                                  │       ├ 司马昭
                                  │       ├ 司马干
                                  │       ├ 司马亮
                                  │       ├ 司马伷
                                  │       ├ 司马京
                                  │       ├ 司马骏
                                  │       └ 司马伦 ── 南阳公主（嫁荀霬）
                                  │                  南阳公主（嫁杜预）
                                  ├ 司马孚
                                  ├ 司马馗 ┬ 司马徇
                                  │       ├ 司马进
                                  │       ├ 司马通
                                  │       └ 司马敏
```

三、发迹和衰亡史

（一）曹操的"老领导"

在秦汉时代，河内郡温县司马氏家族是一个名门望族，自楚汉相争时的名将司马卬开始，历经八世。

到东汉安帝时家族出了个征西将军司马钧，司马钧有个儿子叫司马量，做过豫章郡太守；司马量有个儿子叫司马儁，做过颍川郡太守。

司马儁有个儿子叫司马防，他就是司马懿的父亲。

东汉末年，司马防任洛阳令，后升任为河南尹。那时候曹操由太学刚刚毕业，特别想得到司马防空出来的洛阳令一职。

【小贴士】在东汉，洛阳令虽是县令一级，却是其他任何县级行政长官无法相比的，因为它在帝国权力机构中占据着重要位置。洛阳令的品秩也比一般县令要高，为一千石，而其他县令仅为六百石，县长则只有四百石。县令和县长都是县一级行政长官，所在县超过一万户的称为县令，不足一万户的称为县长。

要得到洛阳令，原任洛阳令、现任洛阳令的上司河南尹司马防的意见就很重要，司马防是士族大家出身，也许看不起曹操的出身，也许听说曹操学习成绩并不怎么样，所以不愿意推荐曹操为洛阳令。

我拒绝！！！

但碍于曹家的影响力，司马防勉强推荐曹操为洛阳令下属的洛阳北部尉，品秩四百石。

就这样，曹操没有得到洛阳令一职，被任命为低一级的洛阳北部尉，归洛阳令管辖。

【小贴士】洛阳北部尉，东汉时期一般的县，在县令或县长之下设有都尉一职，负责本地的治安，相当于今公安局局长。洛阳人口众多，地位重要，在东、西、南、北各设了一个都尉。洛阳北部尉，就是洛阳北部地区公安局局长，算是个副县级。

曹操对这项任命有些不满，一直耿耿于怀。

多年以后，曹操再见到司马防时已经是魏王了，司马防的儿子司马懿、司马朗都在曹操手下做官。

曹操有挥之不去的怀旧情结，他让人把老上司接来设宴款待，曹操说："如果换作现在，你还推荐我做洛阳北部尉吗？"司马防回答："当初举荐大王时，大王您只适合为尉呀。"

曹操听了，放声大笑。

哈哈哈哈哈哈哈哈！

（二）"司马八达"

司马防有八个儿子，个个都很出色，时人称为"八达"，意思是八位"达人"。《左传》说："圣人有明德者，若不当世，其后必有达人。"根据南北朝学者孔颖达的解释，"达人"的意思为"智能通达之人"。

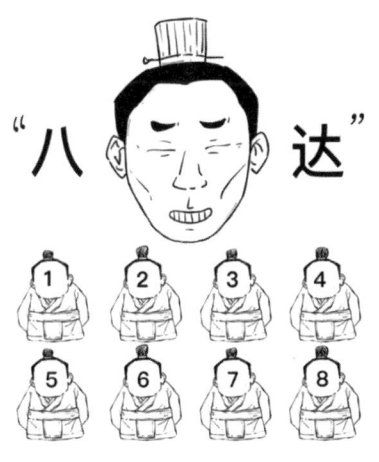

司马懿在"八达"中排行第二，他从小有奇志，聪明过人，有雄心大略，同时博闻强识，对儒学有很深造诣，面对乱世他常常心怀感叹，以天下为忧。

本地有一位善于识人的名士叫杨俊，早年见过司马懿，那时司马朗已经小有名气，而司马懿还无人知晓，但杨俊对司马懿评价很高，认为他远远超过司马朗。

冀州名士崔琰跟司马朗关系很好，他也有相同看法，曾对司马朗说："你兄弟聪明、智慧，处事允当，并且刚断有谋，你是比不了的。"

（三）拒绝曹操

但司马懿出仕比较晚，直到 22 岁才担任了本郡的上计掾。

【小贴士】上计掾，汉代郡县在每年结束时要将本地的户口、垦田、钱谷、刑狱等情况编制为"计簿"，派专人向上呈报，称"上计"，上计掾就是负责这项工作的人员，由于一年之中有很多时间在京城，所以有人戏称其为"驻京办主任"。

汉献帝建安六年（201年），这时官渡之战结束了，司马懿的老家河内郡被曹操占领，所以他要把本郡的"计簿"送往当时的都城许县。

曹操因此知道了司马懿，发现他是个人才，准备让他到自己的司空府任职。

这是一件让人向往的事，但司马懿却拒绝了，《晋书》的解释是司马懿看到汉朝国运衰微，自己不肯屈身辅佐曹操。

拒绝需要理由，司马懿编的理由是自己患了"风痹"，严重到生活不能自理的程度。

曹操有些怀疑，就派人夜里到司马懿家中察看，结果发现司马懿果然躺在那里一动不动，于是就信以为真，不再强迫他了。

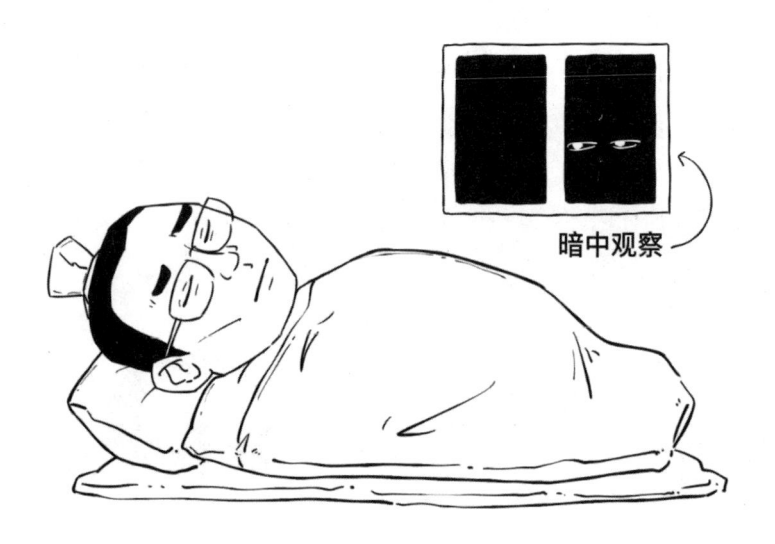

暗中观察

（四）成为"太子四友"

但司马懿并没能坚持到底，他还是出来做事了。

曹操当了丞相以后，征召司马懿到丞相府任文学掾，即负责文化教育方面的官员。曹操命令说："如果他再犹豫不肯来，就把他抓起来！"司马懿害怕了，于是出来任职。

司马懿到曹操身边时，曹操的儿子曹丕和曹植正为争夺继承权而发生争斗，双方身边各有一帮人，司马懿也被卷入其中。

司马懿站在了曹丕的一边，为曹丕出主意，"每与大谋，辄有奇策"，曹丕对他十分倚重，司马懿被称为曹丕身边的"太子四友"之一。

"太子四友"

（五）得陇与望蜀

汉献帝建安二十年（215年），曹操征讨汉中的张鲁，司马懿以丞相主簿的身份随军，是曹操身边的主要参谋人员。

夺取汉中后，司马懿建议趁势攻取益州，曹操没有接受，认为既"得陇"不能再"望蜀"。

但曹操事后又感到后悔，认为当时的确是个夺取益州的好机会。

汉献帝建安二十四年（219年），司马懿升任太子中庶子，后转任军司马，他向曹操提出在边境地带屯田以解决驻军的粮食问题，被曹操采纳。

司马懿还善于识人，他向曹操提出荆州刺史胡修、南乡郡太守傅方等人平时为人骄奢，不宜驻守边地。

那俩人不行！

曹操没有重视司马懿的话，结果关羽率军北上攻击襄阳、樊城，胡修、傅方等人果然投降了关羽。

我不听！我不听！

关羽声势浩大，曹操一度想将汉献帝从许县迁往别处以避锋芒，司马懿认为此举是向敌人示弱，会使军心更不稳定，刘备与孙权表面联合，但内在里也有很深的矛盾，可以利用孙权解围。后来孙权袭击关羽，魏军之围化解。

（六）曹魏的托孤大臣

曹丕称帝后司马懿被任命为尚书，又转任督军、御史中丞等职，都是重要岗位。

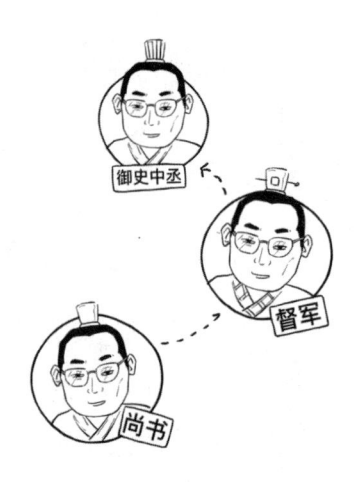

曹魏黄初五年（224年）曹丕伐吴，命司马懿以抚军大将军的身份镇守许县，此时许县已改名为许昌，曹丕虽然只交给司马懿5 000人马，但此举意义深远。

因为，过去文职官员几乎没有领兵的，尤其是世家大族出身的文官，出于对他们的防范，曹魏的兵权一般只掌握在曹氏、夏侯氏以及张辽、徐晃那样不问政治的职业军人手中，司马懿领兵破了先例，反映出曹丕对他的无比信任。

曹魏黄初七年（226年）五月，年仅40岁的曹丕驾崩，临终时指定司马懿与中军大将军曹真、镇军大将军陈群、征东大将军曹休为辅政大臣。

曹丕指着司马懿等人对太子曹叡说："有人要离间他们这几位，一定不要相信！"

（七）司马懿的"三大战役"

魏明帝曹叡继位后，司马懿升任骠骑将军，在军队里的职务仅次于大将军。

这时，曹魏的"诸夏侯曹""五子良将"等已纷纷凋落，能征善战的将领几乎只剩下司马懿，曹魏后期几场重要的胜仗，都是司马懿指挥的。

第一场战役是平孟达之战，司马懿临机决断，以闪电战的方式打了对手一个措手不及。

第二场战役是拒诸葛亮之战，诸葛亮发动北伐，前期负责抵挡的是曹真，曹真兵败，心理承受不住打击，死了，司马懿临危受命，以拖而不战的方法"耗死"了诸葛亮。

第三场是平定公孙渊之战,司马懿带领少数人马远赴辽东,他预判精准,出手果断,将盘踞在辽东数十年的公孙氏政权消灭。

正是这场大战的胜利,奠定了司马懿在曹魏军中的位置,尽管魏明帝对司马懿有所防范,但也不得不用他。

(八)遭受排挤

曹魏景初三年(239年)正月,曹叡驾崩于洛阳,临终前再次托孤,将年仅8岁的养子曹芳托付给曹真的长子曹爽和司马懿。

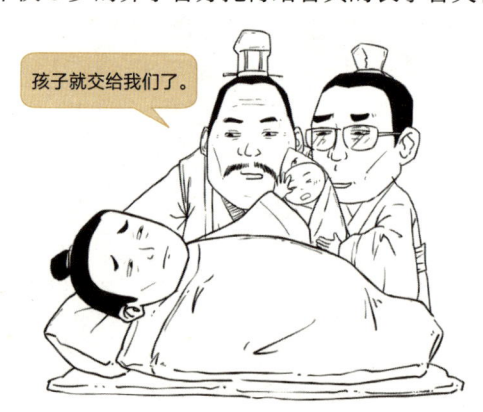

曹芳继位后曹爽担任大将军，司马懿担任太尉，二人共同辅政，并各自统兵3 000人轮流负责宫廷的禁卫。

一开始，曹爽在司马懿面前处处以晚辈自居，遇到什么事都不敢独自做主，但时间长了这种二人同时辅政的格局便无法维持。

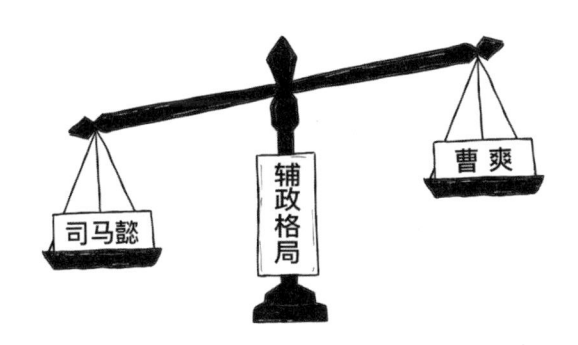

曹爽掌权后周围聚集起一帮人，主要成员有何晏、夏侯玄、邓飏、丁谧、李胜、毕轨等，他们都出身于权贵之家，也都有一些浮名，并且都热衷于权力，在他们的反复陈说下，曹爽改变了尊重司马懿的态度。

在何晏、丁谧的策划下曹爽通过明升暗降的办法，奏请少帝曹芳将司马懿由太尉改任太傅，提拔对曹魏一向忠诚的满宠为太尉，用以牵制司马懿。

太傅虽然位次高于三公，但属于荣誉性职务，司马懿任太傅后不再负责朝廷的日常政务，被架空了。

司马懿干脆称病不出，但曹爽一伙仍不放心，总想试探他一下。

李胜将出任荆州刺史，按惯例应当向太傅及三公辞行，曹爽就让李胜以此为由去司马懿府上做近距离观察。

李胜到了太傅府，被让进客厅，过了好半天司马懿才在两名婢女的搀扶下进来，人瘦了，背也弯了，目光呆滞，不说话都气喘吁吁。

司马懿披着一件衣服，他想伸出手扶一下，结束反而把衣服弄到了地上。

司马懿似乎连话都说不出来了，口渴了只能用手指指嘴，婢女会意，就拿粥让他喝，司马懿端不动碗，全靠婢女喂，结果粥洒得胸前都是。

见到此状，李胜说："听说太傅只是旧病发作，不想尊体竟然如此啊！"司马懿慢吞吞地说："我老了，疾病缠身，死在旦夕，你屈尊去并州上任，并州与胡人很近，平时当妥善准备。今天一别，恐怕今后难以见面了，今后犬子司马师、司马昭就托你照顾了！"

李胜纠正道："我要去荆州，不是并州。"司马懿似乎没听清："君才到并州？"李胜又说："此去荆州！"司马懿说："我年老意荒，不解君言，这次你回归本州，愿早建功勋！"

李胜向曹爽等人报告说司马懿虽然还活着，但已经离死不远了，人已毫无精神，完全不用顾忌，曹爽听完，一块石头落了地。

但他们都不知道的是，这是司马懿伪装的。

（九）高平陵政变

面对曹爽等人的步步紧逼，司马懿决定反击。

曹魏嘉平元年（249年）正月，曹芳将离开洛阳去祭扫曹叡的高平陵，曹爽以及他的兄弟中领军曹羲、武卫将军曹训等都将从行。

司马懿抓住机会，与儿子司马师、司马昭一起，在老臣蒋济、高柔、王观等人的帮助下谋划政变,准备一举铲除曹爽及其一党。

> 铲除曹爽一党!

曹芳、曹爽等人离开洛阳后,司马懿奏请曹叡的皇后、此时的郭太后,请求罢免曹爽兄弟。

随后,司马懿亲自率一部分人去占领武库,司马师和司马懿的弟弟司马孚率一部分人攻占司马门,司马昭率一部分人监控南北二宫,高柔带人去曹爽的大将军营,在那里出示郭太后的诏书,之后以代理大将军的身份临时接管军权。

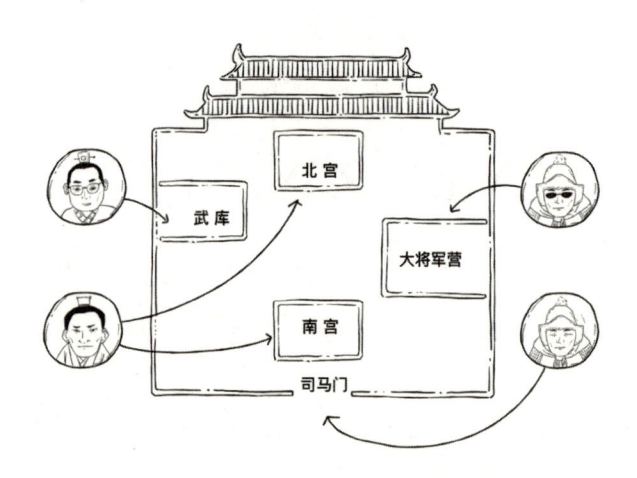

司马懿等人控制住了洛阳,之后司马懿和太尉蒋济带兵驻扎在洛水上的浮桥附近,派人上奏少帝曹芳,请求罢免曹爽。

京城出现了巨大变故,曹爽一时没了主意,想反抗又没有把握,十分犹豫。

司马懿派曹爽平时亲近的人去告诉他,朝廷只是免他们的官职,仍可保他们的爵位和富贵,曹爽信以为真,于是回到洛阳,被司马懿软禁在府中。

司马懿后来还是以谋反的罪名杀了曹爽及其党羽何晏、丁谧、邓飏、毕轨、李胜、桓范等,灭其三族,从而掌握了实权。

少帝曹芳任命司马懿为丞相，司马懿固辞不受。

我拒绝！！！

（十）消灭反对势力

曹魏嘉平三年（251 年）八月五日，司马懿在洛阳病逝，时年 72 岁。

司马懿对儿子们立下遗嘱，死后将权力交给长子司马师，并交代说自己死后葬在洛阳东北方向的首阳山，不坟不树，陪葬就用一些平时穿的衣服就行，不设明器，日后也不与其他人合葬，子孙不得祭陵。

之后，司马师以抚军大将军的身份辅政，司马昭以安东将军的身份"都督淮北诸军事"，也就是负责淮北一带的军务，兄弟二人掌控了曹魏朝廷。

曹魏嘉平四年（252年），司马师分三路大军进攻孙吴，但是在东兴打了败仗，这是司马师全面执掌军权后的首次大规模军事行动，所以他不好追究众将领的责任，只是处罚了弟弟司马昭，将其爵位削除。

曹魏正元二年（255年），毌丘俭、文钦等人在淮南发动叛乱，司马师率大军亲征，留司马昭以中领军的身份镇守洛阳。

这场叛乱虽然很快就被镇压了，但司马师的身体却一天比一天差，他患有严重眼疾，在平叛中眼伤复发，伤势很重，叛乱平息后司马师匆匆赶回洛阳，走到许昌时觉得伤情进一步加重，无法前行。

> 呜呜呜，我的眼睛！

司马师让人通知司马昭前来许昌，司马昭到后，司马师宣布辞去大将军一职，交由司马昭担任，之后让司马昭立即返回洛阳，不得耽误，但还未动身，司马师的病情就恶化了。

曹魏正元二年（255年），司马师病逝于许昌，时年47岁。

司马昭掌握权力后遇到不少仍拥护曹魏的势力的挑战，曹魏甘露二年（257年）四月，时任征东大将军的诸葛诞在寿春起兵，公开反对司马昭。

司马昭亲率大军前往寿春平叛，为防止少帝曹髦趁机异动，司马昭专门把他以及郭太后带上随征。

这一年的六月五日，司马昭率魏军主力到达前线，各路平乱大军陆续来此集结，总兵力达到26万人。

最后，寿春城被攻破，诸葛诞在突围时被杀。

（十一）"司马昭之心"

司马昭的权力越来越稳固，但少帝曹髦却越来越不放心。

与父亲司马懿和哥哥司马师的行事风格都不同，司马昭做事更喜欢直截了当。

曹魏甘露三年（258年）五月，司马昭授意心腹大臣上奏，要求给司马昭晋封公爵，曹髦无奈，只得封司马昭为晋公，参照当年曹操封魏公时的做法，用八个郡作为司马昭的食邑，同时拜其为相国。

对司马昭的步步紧逼曹髦既反感又无奈,又忍了两年,到景元元年(260年),曹髦实在没法再忍了,就找来几个平时比较亲近的大臣商议,包括侍中王沈、尚书王经、散骑常侍王业等。

曹髦对他们说:"司马昭之心,路人所知也!"这句话大概在曹髦心里已憋了很久,说完这句话,曹髦又接着对大家说:"他迟早要把我废掉,我不能坐以待毙,我想与众卿讨伐他!"

这几个文人估计都吓坏了,王经劝他忍耐,但曹髦已无法再忍,他愤怒地从怀里掏出一块玉版摔到地上,怒吼道:"我意已定,即使一死又有何惧,何况也不一定会死!"(《汉晋春秋》:帝乃出怀中版令投地。)

最后，曹髦带着身边的几百个人连喊带叫地冲了出去，这些人大概是一些宦官、随从甚至宫女，领头的有冗从仆射李昭、黄门从官焦伯等，司马昭虽然接到了王沈和王业的报告，但已来不及专门去部署。

首先与曹髦一行照面的是司马昭的弟弟司马伷，他任屯骑校尉，见到"天子造反"，不知道该如何应对，曹髦一顿呵斥，居然把司马伷以及带着的人都训跑了。

曹髦率领队伍继续前行，遇到中护军贾充带着人前来阻挡，曹髦也不搭理，挥着剑就往前冲，见谁砍谁。众人不知如何是好，纷纷后退。

贾充把一个叫成济的头目叫过来，对他说："司马氏如果失败了，还有你等吗？何不出击？"成济立即指挥手下往上冲，曹髦厉声喝道："把武器放下！"

由于是天子，一句话有人居然就把武器扔到了地上。成济急了，向前猛刺，曹髦应声而倒，当场殒命。

消息传来，司马昭赶紧召集众位大臣商议，大家面面相觑，尚书右仆射陈泰建议："诛贾充以谢天下。"司马昭沉吟半晌，下不了决心。

最后司马昭上报郭太后，把所有罪责都推到成济身上，将成济斩首，夷三族，之后以亲王的礼制把曹髦安葬。

（十二）三国归晋

曹髦被弑杀后，司马昭、郭太后又在曹氏宗族里选曹奂作为新皇帝，大权仍由司马昭一手独揽。

司马昭一方面巩固权力基础，消灭政治对手；另一方面继续扩充军力，积极准备统一之战。

曹魏景元四年（263年），魏军占领了成都，蜀汉后主刘禅率官民投降，司马昭的威势达到了顶峰。

曹魏景元五年（264年）五月，少帝曹奂封司马昭为晋王，增加10个郡作为封地，加上之前的10个郡，司马昭的封地达到了空前绝后的20个郡。

少帝曹奂同时下诏追封舞阳侯司马懿为晋宣王，追封忠武侯司马师为晋景王。

次年二月太行山发生了地震，人们议论纷纷，认为曹魏的气数这一回算是到头了。这时司马昭也感到身体不行了，开始安排

接班的事宜。

司马昭有意让幼子司马攸继承王位，但众臣们一致反对，最后于这一年的五月立29岁的长子司马炎为王太子，3个月后司马昭在洛阳病逝，时年55岁。

司马昭死后司马炎立即继晋王位，第二年就逼迫曹魏少帝曹奂禅让，建立新朝，定国号为晋，司马昭被追封为晋文帝。

四、司马家的精英们

(一) 司马朗

司马朗是司马懿的大哥,董卓胁迫汉献帝迁都长安时,他们的父亲司马防担任天子身边负责办理文件等机要事务的治书御史,有感于天下即将大乱,司马防让长子司马朗带上家眷回温县老家。

司马朗不负父亲嘱托,带着家人辗转回到了温县,召集宗族,替父亲教导诸弟。

建安七年(202年),司马朗的家乡河内郡已成为"曹统区",曹操感念于老领导司马防当年的关照,征辟司马朗到司空府工作。

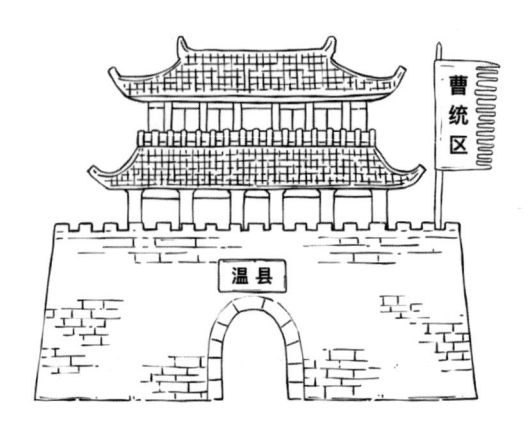

司马朗后来又任成皋县令、堂阳县长、元城县令,曹操担任丞相后,调他到丞相府担任丞相主簿。

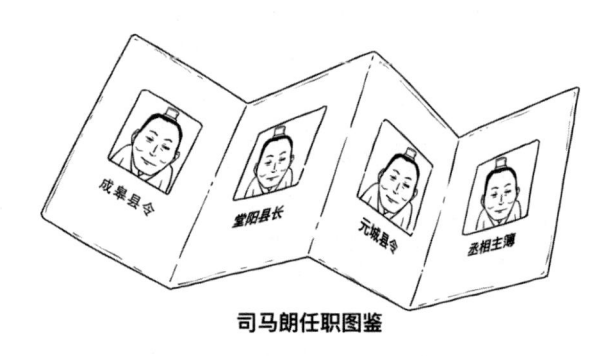

司马朗任职图鉴

建安二十二年(217年)正月,时任兖州刺史的司马朗随曹操南征孙权,这时军中又发生了瘟疫,司马朗亲自到军中慰问得病的士卒,亲自问医送药。

不幸的是,司马朗自己染病,不治身亡,终年47岁。

（二）司马孚

司马孚是"司马八达"中的老三，他出来做事比较早，曾在曹植的侯府任职，担任的是文学掾。

当时曹丕与曹植争储，司马懿支持曹丕，所以后来司马懿设法让司马孚离开了曹植的侯府。曹丕被立为太子后司马孚升为太子中庶子，相当于曹丕的"大管家"。

延康元年（220年）曹操去世，当时情况十分复杂，随时都会发生异动，司马孚协助曹丕整顿秩序、准备丧事，又拥戴曹丕继位，之后完成了汉魏禅代，在此过程中司马孚立功甚多。

曹魏建立后，司马孚任中书郎、给事常侍、黄门侍郎、骑都尉等职，是魏文帝曹丕的近臣之一。

魏明帝曹叡继位后仍重视司马孚，曾说："吾得司马懿二人，复何忧哉！"曹叡任命司马孚为度支尚书，该职务是魏文帝曹丕始设，掌管国家财政，相当于曹魏的"财政部长"。

嘉平元年（249年）司马懿发动"高平陵事变"，司马孚是主要参与者之一，政变成功后，司马孚先后任司空、太尉。

景元元年（260年）魏少帝曹髦不满司马昭专权，率少数身边人"起兵"，结果被杀。这是惊天大事，第一个闻讯赶到现场的正是太傅司马孚，他到时，看到曹髦已倒在血泊中，司马孚跑过去，却站不住了，倒在地上，"枕帝股而哭，哀甚"。

司马孚大喊道:"陛下被杀,臣之罪!"事后,司马孚联合太尉高柔、司徒郑冲等人给郭太后上疏,请求以厚礼安葬了曹髦。

泰始元年(265年)晋代魏,魏少帝曹奂被贬为陈留王,将迁往金墉城。司马孚前往拜辞,他握着曹奂的手,泪流满面,对曹奂说:"臣死之日,固大魏之纯臣也!"

《晋书》说司马孚"性至慎。宣帝执政,常自退损。后逢废立之际,未尝预谋。景文二帝以孚属尊,不敢逼",这大概不是曲笔而是实录。

司马孚虽然是司马懿的弟弟，也参与过两次皇权禅代，但他年轻时深受儒学和礼教的教育，面对禅代、政变这些事，内心里想必也充满了痛苦和矛盾，他的那些言行其实不是装出来的。

五、司马家的女人们

（一）司马懿的妻子张春华

张春华的祖籍是河内郡平皋县，距司马懿的老家很近，她的父亲叫张汪，当过县令，母亲山氏，也是河内郡人。

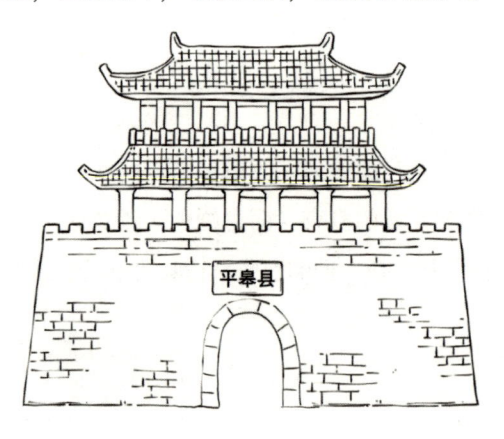

山氏家族后来也出了个大名人，他就是"竹林七贤"里官当得最大的山涛，论起来张春华还是山涛的从祖姑奶。

史书上说张春华少有德行、智识过人，她是什么时间嫁到司马家的不清楚，根据司马懿长子司马师的年龄推测，应该是在司马懿装病不仕曹操的那几年。

当时，大家都知道司马家的老二还没有成亲，但是个病人，稍有地位的家庭估计都不愿意把姑娘嫁给他。

张家虽不是大族，好歹也做过县令，张春华按理说不会答应这门亲事，但她还是嫁了。

张春华比司马懿小10岁，嫁过来时应该不到20岁。过门后，司马懿装病的秘密自然瞒不过她，她得知后在惊喜之余也特别注意不让秘密外泄。不外泄，怎么办？继续装呗，大家一块装。

司马懿装得挺像，有人的时候就躺着，出门让人抬着，从不敢大意。

可是，意外仍然发生了。一天，他们在院子里晒书，那时候的书籍还是以竹质、木质为主，这些材质最怕受潮，所以经常要拿出来晾晾。

这时突然下起暴雨，跟前没有一个人，司马懿一着急，忘了自己在装病，起身跑去收书，这件事恰巧被家里的一个婢女看到了。

司马懿有点紧张，担心秘密会外泄，赶紧想办法补救。以司马懿处理这种事情的智商，他能想到的办法只是把这个婢女叫来，连哄带吓一番，给点封口费，让秘密永远烂在肚子里。

但张春华听了直摇头：封口费？那是不可靠的，对于一切秘密而言最大的危险就是钱。张春华认为，要想永远保守秘密，只有一个办法：把人杀了！

张春华见司马懿还有些犹豫，就二话不说，亲自动手杀了这个婢女。

人是杀了，尸体如何处理？在院子里挖个坑把人埋在那儿。简单归简单，但今后估计一站到院子里就得走神，半夜一睡醒就会觉得院子里站个人。

这难不倒张春华，她的办法是：煮。张春华亲自烧了一大锅水，把这个婢女煮了，彻底毁尸灭迹。

这件事不是民间传说，也不是野史笔记，而是很严肃地记载在《晋书》里。这是一件很残忍的事，也是违法犯罪，但修史的人觉得这恰是张春华的光荣事迹，没有她司马懿恐怕过不了这一关。

张春华陪伴司马懿走过了40多年，史书对她的评价颇高，称她"偶德潜鳞，翊天造之艰虞，嗣涂山之逸响，宝运归其后胤，盖有母仪之助焉"。

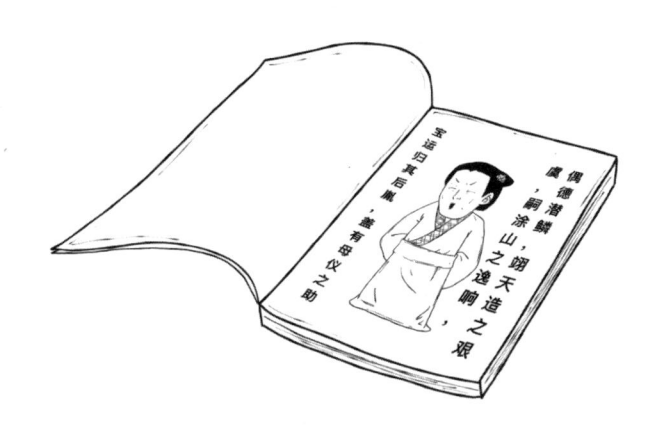

(二) 司马懿的宠妾柏夫人

柏夫人是司马懿妾,张春华为司马懿生下了司马师、司马昭、司马干三个儿子,但后来司马懿却宠爱起柏夫人。

对柏夫人的情况史书记载不多,与张春华相比,应该更年轻、更漂亮。

如此一来,张春华就受到了冷落,有时好长时间见不到司马懿的面。有一次,司马懿病了,张春华前去探望,司马懿却不大高兴,见到她时不悦道:"你这个老太婆,为何跑出来烦人?"

> 老太婆!泥奏凯!

绝食行列
- 张春华
- 新添加 司马师
- 新添加 司马昭
- 新添加 司马干

张春华大悲,一气之下开始绝食抗议。司马懿听说后也生了气,就让她绝食。张春华快饿死了。

后来司马懿终于着急了,因为司马师、司马昭、司马干这几个儿子也加入到绝食行列,陪母亲一块讨公道。

司马懿吓坏了，赶紧跑去向张春华承认错误，张春华才原谅了他。事后司马懿还嘴硬，对别人说："老太婆死不足惜，我是担心那几个好儿子啊！"

> 我心疼我儿子……

（三）司马师的妻子夏侯徽

夏侯徽出身于谯县夏侯氏家族，他的父亲是夏侯渊的侄子夏侯尚，母亲是曹真的妹妹。

夏侯徽嫁给了司马懿的长子司马师,这桩婚姻使司马氏一族与当时最显赫的夏侯氏、曹氏都成了亲戚。

夏侯徽很有见识和器度,每当司马师有什么想法时,都由她从旁策划协助。

然而,夏侯徽知道司马师绝不是曹魏的忠臣,而司马师又对出身曹魏家族的夏侯徽非常顾忌。

史书记载,青龙二年(234年)夏侯徽遭到司马师的毒杀,死时年仅24岁。

六、司马家的亲戚们

（一）亲家郭皇后

魏明帝曹叡的郭皇后出身于河右大族，但她是"本郡反叛，遂没入宫"，也就是无根无基的人。

郭皇后颇有心计，很会处事，深得曹叡爱幸，开始立她为夫人，把她叔父郭立封为骑都尉，从父郭芝封为虎贲中郎将，这一家子眼看快要没落了，却因为一个弱女子而得以重振。

曹叡临死前把郭夫人立为皇后，齐王曹芳即位后尊其为皇太后，因为住在永宁宫，也被称为永宁太后。

曹家的强势人物也只有三代人，曹操、曹丕和曹叡，再往下就江河日下了。不过，在曹芳执政初期曹家还掌握着大权，代表人物是曹爽，司马懿当时已年近70，年老力衰，大家都认为司马氏要想斗过曹氏已经不可能了。

当时，公开与司马氏一族保持密切关系是一件很忌讳的事，有些人还刻意跟他们拉开了距离。在这种情况下，郭皇后却主动向司马家提出联姻的请求。

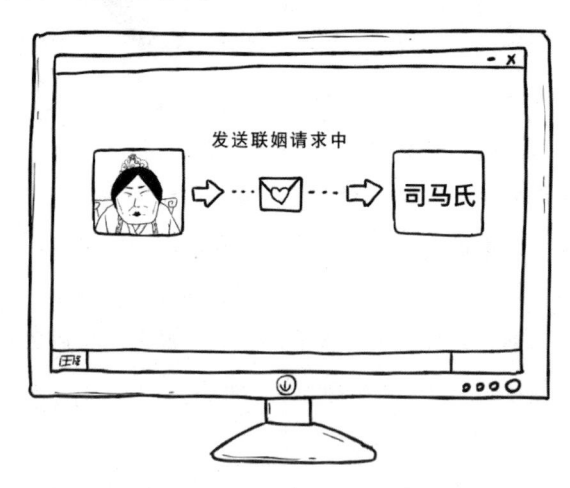

最后，郭皇后的两个侄子分别娶了司马懿的两个孙女，郭皇后在司马懿的面前以晚辈自居。

对于这个举动有人不以为然，有人认为郭皇后未免太天真，也有人甚至觉得郭家的好日子算是到头了。

曹爽得势后司马懿受到空前的排挤和打压，在那段日子里，与司马家有姻亲关系的郭太后日子也不会太好过。将近 10 年时间里，史书里没有记载关于郭皇后的活动，只说曹爽被人挑拨把郭太后迁入永宁宫，看来也是被冷落了起来。

但是，后来司马懿父子发动了绝地反击，通过高平陵事件一举夺取了政权，全体曹氏一族以及与曹氏关系密切的人都受到了株连，唯一没有受到影响、反而因祸得福的大概只有一家人，那就是这时的郭太后一家。

史书记载，自曹爽以下"三主幼弱，宰辅统政，与夺大事，皆先咨启于太后而后施行"，在毌丘俭、钟会之乱中，也都是以郭太后的名义发布诏令进行平叛的。

郭太后一家自然也炙手可热，她的从父郭芝先后升为散骑常侍、长水校尉，叔父郭立为宣德将军，他们"皆封列侯"，郭太后兄弟辈的郭德、郭建也都当上了镇护将军，全部封为列侯，"并掌宿卫"。

散骑常侍　长水校尉　　宣德将军

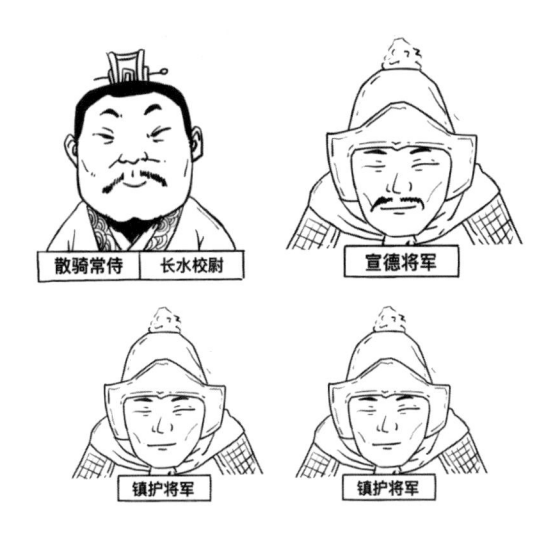

镇护将军　　镇护将军

（二）女婿杜预

杜预出身于曹魏世家，他的祖父杜畿、父亲杜恕都是曹魏名臣。

曹魏世家

曹魏太和三年（229年），杜恕因弹劾大将军曹真的弟弟曹璠被外派任职，随后称病在宜阳隐居。

曹叡去世后，许多人为杜恕上书鸣不平，在这种情况下，杜恕担任了河东郡太守一职。

当时司马懿不被大家看好，杜恕却让儿子杜预娶了司马懿的二女儿高陆公主。

杜预虽生长在官宦之家，但不是纨绔子弟，他从小博览群书，勤于著述，对经济、政治、历法、法律、数学、史学和工程等学科都有研究。

当时的人们曾给杜预起了个"杜武库"的绰号，称赞他博学多通，就像武器库一样，无所不有。

但杜预的仕途一开始并不顺利，主要与父亲以及妻子有关，这种情况随着司马氏政变夺权而发生改变。

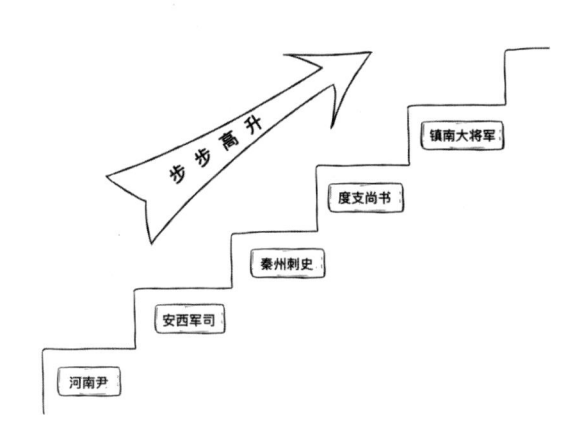

此后杜预一路高升，先后担任了河南尹、安西军司、秦州刺史、度支尚书、镇南大将军等职，成为晋朝灭吴之战的统帅之一。

杜预是公认的文武全才，他是明朝之前唯一一个同时进入文庙和武庙的人。